现代

崔景　　　　　　　　编

做一个胜任的校长

——高职院校校长胜任力研究

李德方◎著

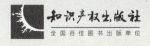

知识产权出版社

全国百佳图书出版单位

图书在版编目（CIP）数据

做一个胜任的校长：高职院校校长胜任力研究/李德方著. —北京：知识产权出版社，2015.1

ISBN 978 - 7 - 5130 - 3155 - 4

Ⅰ.①做… Ⅱ.①李… Ⅲ.①高等职业教育—校长—学校管理—研究 Ⅳ.①G718.5

中国版本图书馆 CIP 数据核字（2014）第 266949 号

内容提要

本书尝试运用胜任力理论研究高职院校校长，以期改进中国当下职业院校校长的管理实践，涌现更多胜任乃至卓越的职业院校校长。

本书在辨析胜任力概念的产生与发展、阐释高职院校的职责与功能的基础上，初步界定了"高职院校校长胜任力"的概念内涵，并通过对样本区域高职院校校长的行为事件访谈和专家咨询，建构了由"合格高职院校校长胜任力模块"和"优秀高职院校校长胜任力模块"组成的高职院校校长胜任力"格式塔"模型。运用自编的量表，对建构的模型进行了验证，并设计了将其运用于高职院校校长选任的原则方法和程序要点。

本书是国内第一本研究高职院校校长胜任力的学术专著。

责任编辑：冯　彤　　　　　　　　　　　责任出版：刘译文

做一个胜任的校长——高职院校校长胜任力研究

ZUO YIGE SHENGREN DE XIAOZHANG——GAOZHI YUANXIAO XIAOZHANG SHENGRENLI YANJIU

李德方　著

出版发行：知识产权出版社 有限责任公司	网　　址：http：//www.ipph.cn
社　　址：北京市海淀区马甸南村 1 号	邮　　编：100088
发行电话：010-82000860 转 8101/8102	发行传真：010-82000893/82005070/82000270
责编电话：010-82000860 转 8386	责编邮箱：fengtong@ cnipr.com
印　　刷：北京科信印刷有限公司	经　　销：各大网上书店、新华书店及相关销售网点
开　　本：787mm×1092mm 1/16	印　　张：11.25
版　　次：2015 年 1 月第 1 版	印　　次：2015 年 1 月第 1 次印刷
字　　数：190 千字	定　　价：34.00 元

ISBN 978-7-5130-3155-4

目　录

导　论

第一节　研究缘起

　　校长对于一所学校的发展至关重要。我国当代著名教育家陶行知先生曾这样评价校长的作用和地位："校长是一个学校的灵魂。要想评论一个学校，先要评论他的校长，"[1] "做一个学校校长，谈何容易！说得小些，他关系千百人的学业前途；说得大些，他关系国家与学术之兴衰。"[2] 无论小学、中学、还是大学，"几乎所有的校长都将以某种明显的甚至是主要的方式影响学校"，结果，"由于这些校长，有些学校会幸存下来，有些学校会因此失败，有些学校会有微小改进，有些学校会缓慢地走下坡路"。[3] 如此一来，那么，选择最合适的人担任校长就成了学校管理中的一件大事——因为它事关学校的发展和师生员工的前途，对高职院校而言亦是如此。

　　那么，什么样的人才是校长最合适的人选呢？学校发展的历史告诉我们，这个问题其实很难有准确答案，因为校长并没有一个统一的标准和模式。如果一定要回答，我们可以开列一长串的清单：担任校长的人需要是个有责任感和事业心的人、一个有学问能创新的人、一个有思想善行动的人、一个懂教育会

---

[1] 陶行知. 中国教育改造 [M]. 北京：人民出版社，2008：30.

[2] 陶行知. 中国教育改造 [M]. 北京：人民出版社，2008：40.

[3] ［美］克拉克·克尔，玛丽安·盖德. 大学校长的多重生活 [M]. 赵炬明，译. 桂林：广西师范大学出版社，2008：3.

管理的人，不一而足。简而言之，担任校长的人一定是个优秀的人。

既然如此，我们是否只要将足够优秀的人挑选出来担任校长就可解决这个问题呢？事实并非如此，让我们把目光聚焦到世界公认的一流大学——美国哈佛大学。

2006 年 2 月 21 日，美国哈佛大学第 27 任校长劳伦斯·萨默斯（Lawrence Summers）宣布辞职，为他在哈佛短短 5 年但风波不断的任期画下句号："我不得不承认，我与文理学院部分教员间的分歧使我无法推进那些我认为对哈佛大学的未来至关重要的工作。因此，我认为对哈佛而言最好的出路是选出一个新的领头人。"❶ 萨默斯在哈佛大学网站上发表的公开信中如此写道。

是萨默斯不够优秀吗？显然不是。在其就任哈佛校长之前的履历充分说明，萨默斯不仅是一位"天才的学者"，而且是一位卓越的领导人。他 1982 年获得哈佛大学经济学博士学位。翌年，28 岁的萨默斯成为哈佛历史上最年轻的终身教授。1987 年，他成为美国历史上第一位从美国国家科学基金会获得沃特曼奖的社会科学家❷。1991 年，他离开哈佛大学，出任世界银行副行长兼首席经济师。1993 年，他进入财政部，担任负责国际事务的副部长。因在经济学领域的杰出表现获得美国约翰·贝茨·克拉克奖章。❸ 1999～2001 年，他接替他的恩师——罗伯特·爱德华·鲁宾升任为美国财政部长。2001 年，萨默斯击败了众多校长候选人成为哈佛大学"掌门人"。就任伊始，他还曾被人们预测为哈佛历史上"百年难遇"的伟大校长。

但谁也没有想到，短短的 5 年之后，这样一位在学术界和政经界的杰出人士却成为一个"失败的校长"，其在哈佛校长之旅只走了短短的 5 年。首先，

---

❶ 370 年首个被投"不信任"哈佛校长争议声中辞职［EB/OL］. http：//www. chinadaily. com. cn/gb/doc/2006 - 02/23/content_ 523192. htm，2014 - 1 - 9.

❷ 注释：沃特曼奖由美国国会于 1975 年设立，设立这一奖励是为了纪念美国国家科学基金会成立 25 周年，并表彰基金会第一任主席艾伦·T·沃特曼，他于 1951—1963 年一直负责基金会的工作。沃特曼奖的授奖学科包括数学、物理、医学、生物、工程、社会科学等各个领域。并专门授与在各学科最前沿取得杰出成就的美国青年科学家，年龄最好不超过 35 岁。沃特曼奖的奖品包括一枚奖章及一笔奖金。奖金只能用于研究与学习，数额为每年 5 万美元，连续提供三年，获奖者可在任何学院或研究机构进行各学科的研究与深造。

❸ 注释：约翰·贝茨·克拉克奖由美国经济协会于 1947 年在美国经济协会创始人、协会第三任会长、著名经济学家约翰·贝茨·克拉克（1847—1938）诞辰 100 周年之际所设立的。目的在于纪念约翰·贝茨·克拉克提出的边际生产力理论（边际生产率说）与生产耗竭理论、和研究出根植于边际效用的需求理论。入选的条件为"40 岁以下的美国经济学者，并在经济学思想与知识上提供了卓越的贡献"。这个奖项被认为是除了诺贝尔经济奖之外，经济学领域最重要的奖项。

作为校长他没有处理好与教授们的关系，他与黑人教授韦斯特（Gornel West）更是结怨颇深，以致后者愤然离职。其次，他口无遮拦言论不当，在一次学术研讨会上公然提出"女性天生在某些学科领域不如男性有优势"的假设，立刻在重视女权的美国引发轩然大波。与会的女生物学教授南希·霍普金斯（Nancy Hopkins）后来告诉《华盛顿邮报》的记者 Michael Dobbs 说："（当时）我几乎快晕了，仿佛胸口受到了重击，呼吸不畅，感到心烦意乱。"❶ 尽管事后萨默斯反复道歉，但哈佛文理学院结合他上任后的种种表现，还是以 218 票赞成、185 票反对、18 票弃权通过了对萨默斯校长的"不信任案"，这也是哈佛这座常青藤学府 370 年历史上首次对校长提出不信任投票。

从萨默斯众望所归、雄心勃勃的上任，到冲突四起、黯然离任的戏剧性经历，我们不难发现，在特定领域表现卓越的人才未必就能成为一名成功的大学校长。大学校长是一个具有高度的专业性与独特性的职位，特别当社会及所在大学处于转型期时，大学校长作为一个无法置身其外的公众人物，面临更为复杂的思想冲突和决策张力，更需要高超的协调能力与领导艺术。而对兼具职业教育与高等教育双重特性的高职院校而言，其院校长所面对的，尚有一些不同于研究型大学和其他普通高等院校的挑战与困难，高职院校校长的选择既面对共性的问题，又会有诸多特殊的、不寻常的问题。

那么我们不禁要追问，过往究竟是什么原因导致一些不合适的人被选拔出来做了校长？

仔细推究，原因不外乎三个方面：一是选任者本身出了问题。这些选任者自己缺乏选任校长一职的卓识和能力，结果导致"武大郎开店"。或者他们尽管具备了举荐者的才识，但是实际并没有按照规定的要求和标准去选人，而是出于私心、任人唯亲，将自己的亲信或利益相关者选出来做校长，严重的甚至徇私舞弊；二是选任过程不够严谨。没有认真细致地按照程序去考察候选人，图省事方便，过于草率随意；三是选任标准不合适。"用兔子奔跑的速度去考察乌龟"，或者"用乌龟的寿命去衡量兔子"。

传统上对校长的选任标准是根据校长岗位应该具备的专业知识、管理才能和个人素养等综合考量的，依据的是校长职位分析的结果。选任方法通常是综合候选者过去拥有的学历、工作经历和在实践中表现出的领导能力等，据此来

---

❶ 哈佛前校长萨默斯：一头离开哈佛的斗牛［EB/OL］. http：//news. qq. com/a/20060727/001970. htm，2014 - 1 - 8.

预测其担任校长一职成功的可能性。应该说这种做法取得了一定的成效，通过这一方式确实把不少优秀的候选者推上校长岗位，其中一部分继续其原先的优秀，成为卓越的校长。但不容回避的客观事实是，这种方式也出现了不少误判，有的甚至偏差很大，主要归结为两点：一是将看似优秀但实际上并非真正优秀的人选拔出来担任了校长。结果可想而知，这样的候选者很难成为一个胜任的校长，更难以成为一个优秀的校长；二是确实将真正优秀的候选者推选出来做了校长，但是其并没有如预期那样继续保持优秀而成为卓越的校长，相反却可能是一个不太合格的校长，甚至是一个失败的校长。前者的问题在于传统的选任方式往往注重的是候选者的知识和能力，其标识就是候选者的显赫的学历和经历以及可以了解观察到的一些反映相关才能的行为表现，但这大多反映的是当事者外显的素养，而候选者其实并不具备胜任校长一职所需的事业成就动机、公共关系能力和内省自觉等深层优秀特质。后者的症结在于过分相信"迁移"的效果，误认为辉煌的过去一定会导致优秀的将来，即，在学术领域表现卓越，在学校治理岗位上也一定能表现非凡。实践表明这也是有悖事实的，如萨默斯就是典型。

因此，笔者认为，能否成为一名合格或者说"胜任"的校长，既不完全取决于当事者的知识和素养，也不完全取决于包括领导能力在内的多种才能，而是取决于当事者的知识、素养和才能等是否符合特定类型、特定层次的学校需求，是否能对领导一所学校发挥有益的作用，是否与其所治理的学校内部与外部环境相切合，否则无论多么卓越的人士，也可能当不好校长。换言之，衡量能否胜任校长职位的条件不仅仅是知识、才能，也不仅仅是个体素养，这样的条件理应由一个更具综合性的、更合乎实际的、更有效的、最好是可以测量的概念来涵盖，这个概念不是传统的"智力"，也不仅仅是"能力"，同样也有别于"领导力"，其或许被称之为麦克利兰所提出的"胜任力"更为合适。对高职院校的校长而言，其对应的就是"高职院校校长胜任力"。

第二节 研究目的与意义

"所有的船只都在大海上起伏，但颠簸的程度并不相同"，❶ 在经历了改革

---

❶ ［美］克拉克·科尔，玛丽安·盖德，大学校长的多重生活：时间、地点与性格［M］. 赵炬明，译. 桂林：广西师范大学出版社，2008：119.

开放，尤其是源自 20 世纪末的高校大扩招后，航行在中国高等教育海洋中的"船只"不仅颠簸程度各不相同，而且"船只"数量和类型也有了较大变化。1952 年院系调整后，中国高等教育仅有普通高等教育这一单一类型的现状与改革开放后对各级各类人才需求的现实矛盾日益凸显。1985 年《中共中央关于教育体制改革的决定》发布，以中等职业教育为先导，中国教育史上普通教育与职业教育"两驾马车"并驱的政策框架初步形成。1999 年的高校大扩招，尤其是"三改一补"政策的出台，❶ 使高等职业教育的发展进入了快车道。

随着高等职业教育规模的快速扩张，问题也日益凸显出来：有办学条件上的问题，也有办学指导思想上的问题，更有办学管理上的问题。在所有的问题中，人的问题是第一位的，尤其是领导者的问题，而校长作为一所学校的"最高行政长官"，无疑是学校发展最为重要的要素。人们普遍认为，"不同的校长会有不同的学校"。换言之，由于执掌校政者胜任力的不同，往往极大地影响学校发展的轨迹，甚至产生截然不同的结果。在这个意义上可以说，研究高职院校校长胜任力，既关乎高职院校校长专业化的实现，也关乎人才培养质量的提升，更关乎我国高等职业教育能否健康、持续、快速地发展。具体来说，研究高职院校校长胜任力问题可以满足以下几个方面的需要。

一、提高高等教育质量的需要

相对于起源于中世纪的历史悠久的传统大学而言，高等职业院校可谓"年轻"。中国最早的高职院校为 1866 年在福建省福州开办的马尾船政学堂，❷ 但直到 20 世纪 80 年代才真正迎来高职的大发展。随着中等教育基础的厚实，中国经济连年稳定快速增长，民众——特别是东部沿海经济发达地区的民众——接受高等教育的愿望空前提高，加上现代化建设对各类人才的需求加大与层次的高移，给高等职业教育的发展带来了契机。1980 年，以南京金陵职业大学、合肥联合大学及湖北江汉大学为首的职业大学开始创办并迅速发展，至 1988 年达到 119 所，学生 7.5 万人，加上 1985 年原国家教委同意航空工业

---

❶ 注释："三改一补"即改革、改组、改制、补充的简称。20 世纪 90 年代，为了大力发展高等职业教育，当时的国家教委成立了专门的高职协调小组，该小组于 1996 年 4 月 15 日起草了《高等职业教育发展几个问题的汇报》，提出高职的发展途径是"主要通过对已有的职业大学、部分高等专科学校、独立设置成人高校的改革、调整专业方向及培养目标来促进高等职业教育的发展。仍不能满足社会对高职人才需要时，应适当利用条件好的国家重点中专学校办高等职业教育"。这是"三改一补"政策出台的初始思路。

❷ 李蔺田. 中国职业技术教育史 [M]. 北京：高等教育出版社，1994：7.

部、国家地震局和上海市在三所中专校的基础上开始试办五年制技术专科学校、即五年制高职，真正意义上的高职由此进入快速发展时期，现有院校的扩招、新院校的兴建成为高教发展史上前所未有的靓景。❶ 截至 2012 年底，全国共有普通本科院校 1145 所，在校生 1427 万人。高职高专 1297 所，在校生 964 万人。❷ 高等职业教育占据了我国高等教育的"半壁江山"。

　　然而，从改革开放至今短短的 30 余年，在经济社会发展所需的技术技能型人才的现实需求驱动下，高等职业教育数量上获得了长足发展的同时，也带来了不少问题，如有的学者指出高等职业教育在层次和类型上定位不清；无特色生源类型与有特色人才质量相矛盾；政府、企业和社区对高等职业教育的投入不足、技能型师资不足、资格证书泛滥等。❸ 此外还有的认为高职办学目标定位不够明确、实践教学环节薄弱、实践基地不足、人才培养模式单一、社会适应性较差、品牌专业不突出、专业设置缺乏特色。❹ 诸多问题的存在一方面制约了高职院校自身的健康发展，另一方面也一定程度上影响了我国经济社会发展所需的人才资源供给，以致近年东部沿海地区不同程度地上演了"技工荒"。不难推测，我国的高等职业教育已经走到了发展的十字路口——从外延发展走向内涵发展。2010 年颁布的《国家中长期教育改革和发展规划纲要（2010—2020）》（以下简称《规划纲要》）在"指导思想和工作方针"中开宗明义提出要"把提高质量作为教育改革发展的核心任务。树立科学的质量观，把促进人的全面发展、适应社会需要作为衡量教育质量的根本标准。树立以提高质量为核心的教育发展观，注重教育内涵发展，鼓励学校办出特色、办出水平，出名师，育英才。建立以提高教育质量为导向的管理制度和工作机制，把教育资源配置和学校工作重点集中到强化教学环节、提高教育质量上来。制定教育质量国家标准，建立健全教育质量保障体系。"在第六章"职业教育"的发展任务中也明确提出要"把提高质量作为重点"，为此要"建立健全职业教育质量保障体系"。在第七章有关高等教育的任务阐述中，提出要"全面提高高等教育质量"，"提高质量是高等教育发展的核心任务，是建设高等教育强

---

❶　李德方. 中日高等职业技术教育发展状况的比较 [J]. 江苏技术师范学院学报，2005（1）：16.

❷　教育部. 2012 年教育统计数据 [EB/OL]. http://www.moe.gov.cn/publicfiles/business/html-files/moe/s7567/list.html，2013 - 12 - 11.

❸　常小勇. 我国高等职业教育发展困境分析与对策 [J]. 复印报刊资料（职业技术教育），2009（3）：42 - 44.

❹　朱艳. 高职院校发展中存在的问题及其对策 [J]. 辽宁广播电视大学学报，2008（4）：53.

国的基本要求"。为此要不断"完善中国特色现代大学制度","依法落实党委、校长职权","提高校长管理水平"。这就为解决高职院校发展中的问题、促进其可持续发展提供了政策基础,也为其指明了行动方向。高职院校作为高等教育的一个重要组成部分,同时也是职业教育的高层次教育,全面贯彻落实《规划纲要》的精神,把提高质量、内涵发展、为经济社会发展培养更多更好的人才、为促进学生全面发展提供优质的教育服务是题中应有之意,而要有效解决问题、实现既定目标,管理是关键、领导是核心,高职院校的校长作为领导力量中的核心和灵魂尤其关键。校长能不能胜任领导工作、多大程度上胜任领导工作就成了问题的核心。

二、促进高职院校校长专业化发展的需要

校长要胜任岗位工作一定程度上也取决于校长专业化发展的水平和程度。校长专业化概念是伴随校长职业化概念而来的。校长职业化概念是个新生事物。众所周知,中华人民共和国成立以来,中国的校长、尤其是中国高等学校的校长一直是作为行政官员由上级组织部门任命的,校长和教育行政部门的厅局长一样通常被认为是教育官僚层级中的一个职务。改革开放后,中国打开了尘封已久的国门,在将世界上发达国家的理念、技术、人才等引进中国的同时,国人也纷纷走出国门观察世界、了解先进、学习他人。1995 年,教育部人事司举办的全国中小学校长培训工作研讨班和教育部人事司领导的 UNDP(United Nations Development Programme,联合国开发计划署)中小学校长提高培训项目承担单位赴美国、加拿大、英国、澳大利亚、德国、新西兰等国考察,在考察回国后所撰写的系列报告中,通过学习借鉴上述国家实行校长职业化的经验情况,第一次提出了"校长职业化"的问题。所谓"职业化校长是指专门从事学校经营和教育服务的专业校长,它不是一种职务,而是指一个具备某种能力和精神特质的社会群体。校长职业化就是要把校长从官本位的传统束缚中解放出来,由仟命制的事业管理者转变为聘任制的产业经营者;由执行计划的职务校长转变为关注市场的职业校长。"要"淡化校长的职务观念,强化校长的职业观念;淡化校长的权力观念,强化校长的能力观念;淡化校长的教育事业观,强化校长的教育产业观"。❶ 2002 年,时为北京师范大学的褚宏

---

❶ 杨海燕. 盘点校长专业化——我国校长专业化理论及实践的进展 [J]. 中小学管理,2006
(9):4.

启教授领衔的研究团队完成了教育部的课题"校长专业化与校长培训"研究。他们认为："专业化是指一个普通的职业群体逐渐符合专业标准，成为专门职业并获得相应的专业地位的动态过程"。教育的最终目的，除了延续人类文明的发展，还有重要的一环，那就是引导人们与自然和谐共处、为人类社会的福祉作贡献。● 因此，作为教育职业的专业化，在许多必备的基准性条件中，"通过持续不断的学习与研究，将教育的专业性与教职员个体的特殊性相统一起来并谋求发展是其重要的特征"。❷ 具体到学校校长专业化，可分为两个层面，"从职业群体的角度看，校长专业化就是指校长职业由准专业阶段向专业阶段不断发展的过程。从校长个体的角度看，校长专业化是指校长个体专业持续发展、已臻完善的过程。""专业化是专业不断发展的过程，而专业发展是指内在专业结构不断更新、演进和丰富的过程。""内在专业结构指专业精神、专业知识、专业能力、专业伦理、自我专业意识等"。尤其作为"服务业形态"的教育工作者，"自己必须首先思考学习者的愿望与要求，然后据此采取相应的教育方式，这并非有什么特别之处，只因为我们面对的是活生生的'人'的缘故"。❸ 因此，校长专业化的外延就是指"校长在专业精神、专业知识、专业能力、专业伦理、自我专业意识等方面的发展"。❹

应该说，校长专业化的提出无论对校长个体的成长还是对于校长群体的发展都具有十分重要的意义。首先，校长专业化有助于提高校长职业的社会地位。社会地位往往是由主体所处的社会阶层所决定的，而社会分层是指社会不同群体因所占有的财富、权力等不同而导致所处地位不同的一种社会状态。在中国社会，经济分层（或财产分层）、权力分层和职业分层是社会分层的重要指标。❺ 事实上，无论古今中外，不同的职业拥有不同的社会地位已是不争的事实，"由于那些被社会认可为专业的职业群体一方面对社会有不可或缺的功能，社会赋予从业人员在掌握专业知识和技能、履行社会职责的过程中要花费更多的社会必要劳动时间，因此专业群体拥有更多的社会地位资源，如权力、工资、晋升机会、发展前途、工作条件、职业声望等。换言之，能占据社会分

---

❶ ［日］大田尧. 教育とは何か［M］. 東京：株式会社岩波書店，1994：167.

❷ ［日］田原迫龍磨，仙波克也，有吉英樹. 教育行政の課題と展開［M］. 東京：株式会社コレール社，1995：153.

❸ ［日］前野勝則. 新教育産業［M］. 東京：（株）二期出版，1998：209.

❹ 褚宏启，杨海燕. 校长专业化及其制度保障［J］. 教育理论与实践，2002（11）：22.

❺ 李德方. 现阶段我国高等职业教育发展问题及对策——基于入学与就业的视角［J］. 职教论坛，2010（34）：21.

层中的较上层。因此，对于一些新兴职业来说，其专业化的过程就是提升职业群体社会地位的过程"，❶ 校长专业也不例外。其次，校长专业化有利于提升校长的职业素养。专业是职业发展的结果，是职业的高级阶段，因此专业是有门槛和明确标准的，简言之，要达到专业化的标准"必须具备四个方面的要素：①有与从事特定职业相应的理论知识和技术技能，专业人员必须接受必要的专业养成教育和训练。这些理论知识和技术并不是任何人都能掌握的，也不是任何人都可以接受这种专业训练的。②作为专业的职业，必须承担重要的社会责任，从业人员具有敬业的精神、服务的理念和职业道德。③具有区别于其他行业的相对独立性和自主性，具有一定专业能力。④具有一定的专业组织团体。"❷ 这就为校长的进步和成长提供了方向指南，而这些要素和标准实际上也内涵在校长胜任力之中。因此，研究高职院校校长胜任力有助于高职院校校长群体通过自身努力与组织培养，加快其专业化发展的进程，提升其专业发展水准。

三、从制度层面实现高职院校校长管理现代化的需要

据不完全统计，截至目前我国各级各类校长群体人数已经超过百万，单单高职院校校长群体人数也数以千计。❸ 对于这样一个庞大的职业群体，如何实施科学的管理并使其发挥最大的效益，事关整个国家教育的发展和人才的培养以及社会的进步，从这个角度而言，校长管理委实是一件极其重要的大事。换言之，怎样把合适的人选出来做校长以及对选出的校长如何促进其更好地发展，是任何国家和社会教育发展必然要面对的课题和挑战，因为"好的大学校长对任何社会来说都是稀缺资源"❹。因此，从制度层面加强校长的管理以落实校长专业化，是摆在我们面前的迫切任务。所谓制度是"由人制定的规则，这些规则抑制人际交往中可能出现的任意行为和机会主义行为。"❺ 美国经济学家诺思也持同样的观点：制度是一系列被制定出来的规则、守法程序和行为的道德伦理规范，这些规则、程序和规范的直接作用就是减少不可预见的

---

❶ 教育部师范教育司. 教师专业化的理论与实践（修订版）［M］. 北京：人民教育出版社，2003：45.

❷ 王铁军. 科学定位：校长走向职业化的关键［J］. 扬州大学学报（高教研究版），2002 (9)：11.

❸ 注释：目前全国共有近1300所高职院校，以平均每校正副校长 5 人计算，总数就达 6000 多人。

❹ 胡娟. 大学校长需要制度关怀［EB/OL］. http://paper.jyb.cn/zgjyb/html/2012 - 09/24/content_ 78806. htm，2014 - 3 - 18.

❺ 柯武刚，史漫飞. 制度经济学——社会秩序和公共政策［M］. 北京：商务印书馆，2001：32.

行为和机会主义。对于高职院校校长管理而言，这些制度应该包括高职院校校长选拔任用制度、高职院校校长考核评价制度、高职院校校长晋升激励制度、高职院校校长培训制度、高职院校校长退出制度等。

从国际上观照，各国所处的政治体制、社会环境、发展水平不同，因而各国对高校校长的管理制度也千差万别。即便是同一个国家，不同时期的高校管理也不一定相同。通常来说，高校校长的管理制度与国家、社会和高校之间的分权有关，强调政府对高等教育控制的国家，政府对高校校长管理的决策权较大；反之，强调大学自治的国家，学校自身在大学校长管理中的权力较大。以高等教育世界强国的美国大学校长的选任为例，其一般均是由专门的遴选委员会负责，由他们负责为学校挑选合适的校长人选。具体的特点有以下几点：一是高度自治性，大学校长的选拔完成是学校的自主行为；二是专业性，由专门的"猎人公司"成员作为顾问参与工作；三是民主性，遴选委员会中有教授、学生、校友的代表；四是广泛性，通过媒体等在较广的范围内进行应征。❶ 多年的事实证明，这一选拔制度往往能使合适的人选成为大学的校长，领导学校有序发展。"我们必须承认这一事实，即美国人正在成功地使大学区别于到目前为止所存在的任何机构"，❷ "与美国的人口、战舰、大厦、飞机或生铁的年产量比较起来，美国大学的地位和性质是反映美国文明的地位和前景的更公正的标志。"❸ 这一局面的形成可以说是包括大学校长选任在内的美国校长管理制度的最好肯定。

从我国校长管理的实际看，尽管新中国成立后我们建立了一系列校长管理的法律和规章制度，由于受到历史时代因素的制约，这些法规、制度、规章总体上还很不完善，有的甚至不很科学。例如我们长期实行高校校长委任制，把大学校长当做政府官员等同管理，这就忽视了高等教育的特殊性和高校治理的复杂性和专业性，一定程度上强化了高校的行政属性，导致校长对上不对下、重行政轻学术、重短期政绩轻师生长远利益等不良情况的出现和加剧。而高职院校的治理既有与普通高等院校治理共有的特性，又有高等职业教育本身的特

❶ 季诚钧. 国内外大学校长选拔制度的比较分析［J］. 华东师范大学学报（教育科学版），2007（6）：26.

❷ ［美］约翰·S·布鲁贝克. 高等教育哲学［J］. 王承绪，等，译. 杭州：浙江教育出版社，2002 年（第 3 版）：3.

❸ ［美］亚伯拉罕·弗莱克斯纳. 现代大学论——美英德大学研究［M］. 徐辉，陈晓菲，译. 杭州：浙江教育出版社，2001：32.

殊性，有些普通高校的管理规则不一定完全适合高职院校，因此需要有适应新时期高职发展的、体现高职特点的包括校长管理在内的管理规程。特别是伴随高等职业教育大发展成长起来的高职校长们，他们在特殊的时期从事一项与中国社会经济发展休戚相关的技术技能型人才培养工程，发展一项事关数百万家庭子女前程的民生事业，其选拔、培养、考核等管理工作理应更实事求是、更科学合理、更贴近实际。因此，研究高职院校校长的胜任力，并将此运用到我国高职院校校长的管理实践中来，具有非常重要的实际价值。

综上所述，研究和探索高职院校校长胜任力，厘清其内涵与实质，把握其特征与要素，运用其理论指导校长管理工作的实践，无论对于高职院校校长自身的发展，还是对于实现"大力发展职业教育"、"提高高等教育质量"、"建设高等教育强国"的既定目标都具有重要的理论价值和实践意义。

第三节 相关研究文献综述

截至目前，在笔者所见的范围内，尚未发现围绕高职院校校长胜任力的研究成果见诸公开发表，但分别针对高职院校校长和胜任力的研究却并不少见。

一、关于高职院校校长的研究

与"年轻"的高职院校一样，真正意义上的高职院校校长在我国也是一个"新生"事物，因而对其的认识和研究也是近年才引起学者们的关注。纵观这些研究，主要集中在对高职院校校长在高职教育发展中的作用、高职院校校长的特征和角色定位、高职院校校长应该具备的能力等。其中比较典型的观点和结论有：任君庆认为，由于"高等职业教育同普通高等教育相比既具有高等性，又具有职业性"，因而"一名优秀的高等职业院校校长既要具有一般大学校长的基本特质，又要具有同高等职业教育发展相适应的基本特质"。具体表现为要有崇高的历史使命感、要遵循高职教育办学规律、要有强烈的市场意识、要有有效的资源整合能力和永无止境的创新意识等；[1] 刘仲全、杨正强研究指出，"高职院校教育质量的提升已成为高等教育大众化背景下的当务之急"，作为高职院校校长在其中起着至关重要的作用，包括培养强烈的质量意识、制定可行的质量方针和目标、进行科学的质量策划、实施有效的质量监

---

[1] 任君庆. 高职院校校长的基本特质探析 [J]. 中国高教研究，2011（12）：76.

控、提供充分的质量保证等;❶ 钱忠元研究分析了高职院校校长的角色定位,即高职院校校长是学校工作的组织者、教育教学改革的领导者、教师成长的推动者以及学校环境的规划者。❷ 许德宽则论述了高职院校校长的非权力影响力,即校长的品德、作风、知识、能力、学历、职称、业绩以及行为等非权力因素在师生员工中造成的影响力,指出高职院校校长只有具备较强的非权力影响力,才能更好地发挥其权力影响力,进而增强领导力。❸ 曹燕等人在对中美重点高职院校校长的特征进行了比较研究后认为,美国社区学院校长普遍拥有教育学学科背景且学历层次高(多为博士学位获得者)、具有丰富的任职经历。❹ 而有学者通过对中国首批 28 所示范性高职院校校长素质现状进行分析后认为,学历层次较低、缺乏精深的专业知识素养,学科背景单一、缺乏广博的人文知识素养,工作经历简单、缺乏校企政协有效联合的综合素养,对高职教育研究不够、缺乏深厚的高等教育科学素养,以及国外阅历缺乏、国际视野不足等是我国高职院校校长普遍的特征。❺ 与普通高校相比,当前高职院校面临更多的发展瓶颈和更大的生存压力,而要解决改革发展上的诸多问题,高职院校校长应该具备五大领导能力:洞察规律的前瞻能力、科学判断与决策能力、协调冲突与抗风险能力、引领改革发展的运营能力以及善于选人、用人、团结人的能力。❻ 也有学者通过对 25 所高职院校校长(含 1 所新加坡的高职院校)进行了集中访谈,感受到高职院校的校长们普遍对高等职业教育事业的热情和执著的同时,也体会到这些校长们办学的艰辛。❼

　　相对于近年起始的对高职院校校长的研究而言,对普通高校、即传统的大学校长的研究则表现为研究历史更为悠久、研究者更为广众、研究领域更为宽广、研究程度更为深入、研究成果更为丰富的特点。

　　(1)关于大学校长的价值与作用的研究。美国高教界有两种观点,其一,一所知名大学的产生首先需要一位杰出的校长,其次才是其他因素。如《研

❶ 刘仲全,杨正强.高职院校教育质量提升与校长的使命 [J].高等职业教育,2010 (10):8-9.
❷ 钱忠元.高职院校校长角色定位的思考 [J].常州信息职业技术学院学报,2007 (10):4.
❸ 许德宽.论高职院校校长的非权力影响力 [J].职业教育研究,2006 (7):121-122.
❹ 曹燕,陈敬良,罗尧成.中美重点高职院校校长的特征比较及其启示 [J].现代教育管理,2011 (2):124.
❺ 刘立宾.高职校长核心素养有待提升——基于首批示范性高职院校 28 位校长的分析 [J].职业技术教育,2012 (12):57-58.
❻ 管弦.高职院校校长应具备的五大领导能力 [J].杨凌职业技术学院学报,2012 (3):67.
❼ 黄达人.高职的前程 [M].北京:商务印书馆,2012:21.

究型大学及美国未来》一书指出："大学要在面临现代社会的各种挑战中取得成功和进步，最关键的一环就在于大学校长能否发挥有效的领导作用"。另一位美国学者杜克（Duke D. L）也同样指出"校长是教育政策的执行者，也是学校的灵魂与核心，其领导品质深深影响学校的办学成效。"❶。麦克劳弗林（Judith B. Mclaughlin）和瑞斯曼（David Riesman）在一项对 32 所不同类型和结构的大学进行历时 5 年的"大学领导研究"后得出结论："有相当多的大学校长确实改变了他们所领导的大学的方向，著名大学之所以享有盛誉，很大程度上都有赖于它们曾经在关键时期得到了具有眼光的优秀校长的领导。"其二则认为，"校长交替本身无重要影响，只是象征性的。"罗伯特·伯恩鲍姆根据由教育测试机构设置的学校功能统计表，对 1970～1980 年间的 93 所大学进行抽样调查。研究结果表明，学校功能与谁当校长或这些校长干些什么，总体来说不受太大的影响，校长换了，学校依然如故。中国的学者对大学校长的作用均持肯定观点。张楚廷根据管理职能提出大学校长作用有三：一是引导或领导，二是凝聚，三是协调，而最重要的还是决策作用。眭依凡等提出大学校长最重要的作用一是概念领导，二是文化选择，三是组织整合。更多学者关注国内外大学校长教育思想对大学治理和发展的作用与影响，如《洪堡的高等教育思想》《纽曼的高等教育思想》《科尔的高等教育思想》《洪堡的高教改革理论与现代德国高等教育的发展》《朱九思的教育思想和办学实践》等，即是这方面的成果代表。

（2）关于大学校长角色的研究。大学校长在校内和公众面前应当是什么样的角色？国外学者有不同的解读。赫钦斯认为大学校长应是"领导者（leader）"或"官员（officeholder）"；鲁道夫认为应当是"创造者"（creator）或"继承者"（inheritor）；莱斯顿主张大学校长应是"权力的行驶者"（wielder of power）或"劝说者"（persuader）。Ward 认为大学校长是以"学术领域的首席执行官"的角色来处理大学内部和外部关系并实现学校的使命和价值的。多年担任加州大学总校校长的克拉克·克尔则认为自己作为校长扮演着多重角色，其要者有四：一是"调解者"（mediator）或"折中者"（compromiser），意在调解大学内外的各种矛盾，协调各方面利益和关系；二是"指引者"（initiator），即指引和促进大学的发展；三是"斗士"（gladiator），为学

❶ Duke D. L. Concepts of administrative effectiveness and evaluation of school administrator. Paper presented at the Annual Meeting of the American Education Research Dissertation, 1992: 111-132.

术自由和教学科研质量而斗争；四是"形象创造者"（image maker），为大学营造一种有利的形象。

我国学者对大学校长角色也不无研究。许晓东等认为大学校长的主要角色是大学领导者，并兼有管理者、教育者和社会活动家等角色；❶ 孙延臣等把大学校长角色划分为三种：学术象征型、教学行政型和校务经营型，有些校长可能同时兼有几种角色；❷ 眭依凡等还在分析了国内外对大学校长的角色期待和角色要求夸大提高的原因之后，提出了大学校长最重要的角色任务是治校，其角色就是一个以管理大学为主并对大学的发展负有最大责任的"治校者"。为了获得良好的治校效果，需要兼备教育家、学者和道德楷模这三种角色的意识和能力。❸

（3）关于大学校长素质与能力的研究。学者们主要从性格、品质、心理特质等方面作了经验描述和理论阐释。刘尧认为，"大学校长要有理想追求，有承前启后的使命感，能够维护并发扬已确立得到大学精神。大学校长应有一种英雄气概——人不敢言，我则言之；人不肯为，我则为之"。尤其是"作为教育家的大学校长需要同时拥有学问家的眼光、教育家的襟怀以及管理者的魄力"。❹ 陈士衡等学者提出中国大学校长心理素质结构有两个方面：一是激发性质的心理素质，包括高层次的需要和强烈的动机、自信、进取精神、竞争意识、决断魄力、耐压力、良好的性格品质等；二是制动性质的心理素质，包括大公无私和正直诚实、宽容大度、情操高尚、谦逊、危机感、自制力。❺ 马陆亭等提出当前理想的大学校长角色应具备的特征是：熟悉现代高等教育基本理论，懂得并善于经营，有很强的事业心，高学历和高智力水平。学者冯倬琳从宏观（领导视野）、中观（战略领导）和微观（领导职能）等三个层面分析了研究型大学校长的素质要求和能力特征。

（4）关于大学校长选拔与管理的研究。有学者在研究了美国和英国的大学（副）校长的选拔任用情况后认为，尽管美英两国对大学校长的任职条件因各校情况差异有所不同，但对校长的学术背景、行政管理能力和外部协调能

❶ 许晓东. 大学校长素质研究 [J]. 高等教育研究, 1993 (4): 20.

❷ 孙延臣. 大学校长应努力成为教育家 [J]. 辽宁高等教育研究, 1999 (5): 122.

❸ 眭依凡. 关于大学校长及其作用的讨论 [J]. 江西师范大学学报（哲学社会科学版）, 2000 (8): 7.

❹ 刘尧. 大学校长的社会责任 [J]. 江苏高教, 2009 (1): 49.

❺ 陈士衡. 试论当代我国大学校长的心理素质 [J]. 机械工业高教研究, 2000 (2): 89.

力都会有所要求，尤其是对外部协调能力的要求更为重视。具体而言，作为大学校长，要求具备较高的学术成就和声望，如校长要具有博士学位，有在大学任职的经历，必须是教授以及在相关学科领域具有一定影响等。其次，要具有较强的行政管理能力和丰富的管理经验。尤其是随着高等教育规模的扩大和综合化的发展，学校与社会关系越来越紧密，对大学校长在对外交往、宣传和公关方面的能力要求相应地也越来越高。再次，校长要有对大学发展的创新能力和改革意识。此外，大学校长还要有较强的筹款能力，特别是现在随着政府对大学的投入趋于减少的情况下，保证大学经费的足额筹措显得愈发重要。研究国内大学校长选任的不少学者也持同样的观点，"一般来说，美国的大学所实行的民主、公开、公平、竞争的校长遴选机制相对较好"，"美国之所以成为世界第一教育大国，拥有世界上最多、最好的研究型大学，在很大程度上取决于他们成功地选拔了优秀的大学校长"。❶ 周群英、胥青山通过对德国、法国、英国、日本、美国与我国大学校长的遴选情况作了比较分析后指出，不管是哪种遴选程序或制度，高等学校必须具备一定的办学自主权。❷

二、关于胜任力的研究

胜任力研究源于美国，其源头可追溯至 20 世纪初期泰勒关于"时间—动作"的研究。❸ 20 世纪 70 年代，以哈佛大学教授麦克利兰（David McClelland)❹ 为首的研究小组首次提出学校成绩、智力和能力倾向测验等实际上并不能预测职业或生活成就，应该用胜任特征取而代之。1973 年，麦克利兰发表《测量胜任力而非智力》一文，标志着胜任力理论正式诞生。随后，在西方发达国家掀起了研究胜任力的热潮。20 世纪 80 年代前后，校长胜任力研究成为英美两国的教育热点问题之一。该类研究的重点是寻找学校管理者胜任工作所需的能力和行为表现，为学校管理者选拔和职业发展提供支持。因为"多数学者认为，胜任力是直接影响工作业绩的个人条件和行为特征。同样，校长的绩效与校长胜任力有因果关联"。❺ 1982 年，McClelland 和 Boyatzis 出版

---

❶ 刘道玉. 中国应当怎样遴选大学校长［J］. 高教探索，2005（2）：6.
❷ 周英群，胥青山. 大学校长遴选程序的比较研究［J］. 江苏高教，2003（1）：28.
❸ 徐建平. 教师胜任力模型与测评研究［D］. 北京师范大学博士论文，2004：5.
❹ 注释：哈佛大学教授 David McClelland，有的中文译名为麦克利兰，本研究统一采用麦克利兰的译名。
❺ 戴瑜. 中小学校长胜任力研究：以宁波为例［D］. 华东师范大学博士论文，2008：7－8.

了《胜任的经理：一个高效的绩效模型》一书，❶ 自此，胜任力被广泛应用于美英等国的企业人力资源管理、教育组织和政府机构等领域，并掀起了胜任力研究与应用的热潮，从胜任力的概念内涵到胜任力模型的建构运用等方面形成了一系列的成果。

（一）关于胜任力概念内涵的研究

迄今为止，对胜任力的概念众说纷纭。麦克利兰是这一概念的提出者，尽管他没有对其进行明确界定，但是从他相关的论述中还是能够看出胜任力主要是指那些与工作或工作绩效直接相关的能力、特征或者动机等，并且能够较好地预测实际工作绩效。这就说明，麦氏眼中的胜任力具有相关性（与工作密切相关）、综合性（包括个体的能力和动机等）、预测性（能够预测未来的工作绩效）等特点。Malagan 则认为，所谓胜任力，是指一个人在某个角色或职务上有优越绩效的能力。它可能是知识、技能、智慧策略或综合以上三者的结果；它可以应用在一个或多个工作单位中。胜任力的说明涵盖范围视其希望的用途而定。❷ 不难看出，此处的"胜任力"等同于"才能"或"能力"，不过不是通常意义上的"才能"和"能力"，而是综合了知识、技能和智慧等的"才能"和"能力"。正如 Klein 所认为的那样，"胜任力并非单一的行为指标而是数个行为的组合"❸。Boyatzis 把胜任力界定为一个人具有的内在的、稳定的特性，它可以是动机、特质、技能、自我形象、社会角色，或此人所能够运用的某项具体知识。❹ Spencer 认为，胜任特征是指"能将某一工作（或组织、文化）中表现优异者与表现平平者区分开来的个人潜在的、深层次的最显著特征。它可以是动机、特质、自我形象、态度或价值观、某领域的知识、认知或行为技能——任何可以被可靠测量或计数的，并且能显著区分优秀绩效和一般绩效的个体特征。"❺ 可以看出，Boyatzis 和 Spencer 对胜任力的理解既有相同点，也有不同处。相同的是两者都将其看成是个体具有的综合特性，区别在

---

❶ Boyatzis R. The Competent Manager: A Model for Effective Performance. New York: John Wiley & Sons, 1982: 23 – 25. 转引自徐建平. 教师胜任力模型与测评研究 [D]. 北京师范大学博士论文, 2004: 5.

❷ 徐建平. 教师胜任力模型与测评研究 [D]. 北京师范大学博士论文, 2004: 5.

❸ Klein, Andrew L. Validity and Reliability for Competency – based System: Reducing Litigation Risks. Compensation and Benefits Review, 1993, 28 (4): 31 – 37.

❹ Boyatzis R. The Competent Manager: A Model for Effective Performance. New York: John Wiley & Sons, 1982: 5.

❺ Spencer Jr. L. M. , Spencer S. M. Competence at work: Models for superior performance. New York: John Wiley & Sons, 1993.

于后者认为胜任力具有区分优秀与一般的功能。Parry S. B. 关于胜任力的界定是"影响个人工作的最主要因素，是一个包含知识、态度及技能等相关因素的集合，可由一个标准加以衡量，与绩效密切相关"❶。不难发现 Parry S. B. 的理解与 McClelland 异曲同工，强调其与工作绩效的关联性，具有可测性和综合性特点。Green 也持类似的观点，认为"胜任力是可以测量的、有助于实现目标任务的工作习惯和个体技能"❷。Helley 则统合了各方的观点，认为胜任力"常常被用来描述一个广泛的特质群，如从动作技能到人格特征，从安全分离细胞的能力到成功地回应调查报告者提出的问题的能力等。事实上，胜任力通常被定义为一种特性，这种特性能够使一个人以富有成效的方式完成他/她的工作，而且，这种特性能够依据一个可接受的绩效标准进行测量。它包含知识、技能、能力、特质、态度、动机和行为等多个方面"，❸ 应该说比较全面地概况了胜任力这一新概念的主要特征。国外主要研究者对胜任力的定义见表 1 – 1。

表 1 – 1　国外研究者对胜任力的主要定义

研究者	年份	定义
McClelland	1973	那些与工作或工作绩效直接相关的能力、特征或者动机等，能够较好地预测实际工作绩效。
Guglielmino	1979	包括三个方面，一是概念胜任力（包括决策能力、为组织利益寻找机会与创新的能力、分析经济与竞争环境的能力以及如企业家一般的思考能力等），二是人际胜任力（包括沟通、领导、谈判、分析及自我成长的态度等），三是技能胜任力（包括计划个人事业、掌管自我时间的能力等）。
Malagan	1980	是指一个人在某个角色或职务上有优越绩效的能力。它可能是知识、技能、智慧策略或综合以上三者的结果；它可以应用在一个或多个工作单位中。胜任力的说明涵盖范围视其希望的用途而定。
Klemp	1980	一个人能够有效或者出色地完成工作所具有的内在的基本特点。
Boyatzis	1982	一个人具有的内在的、稳定的特性，它可以是动机、特质、技能、自我形象、社会角色，或是此人所能够运用的某项具体知识。

❶ Parry S. B. Just what is a competency and Why should you care? Training, 1998 (6)：58 – 64.

❷ Green P. C. Building robust competencies：Linking human resource systems to organizational strategies. San Francisco, Jossey Bass, 1999：21 – 29.

❸ Dee Halley. The Core Competency Model Project. Corrections Today, 2001 (63)：7.

续表

研究者	年份	定义
Guion R. M.	1991	是预示个体在不同情境中行为或思考方式的潜在特质，通常可以持续较长一段时间。
Spencer	1993	能将某一工作（或组织、文化）中表现优异者与表现平平者区分开来的个人潜在的、深层次的最显著特征。它可以是动机、特质、自我形象、态度或价值观、某领域的知识、认知或行为技能——任何可以被可靠测量或计数的，并且能显著区分优秀绩效和一般绩效的个体特征。
Hogg B. A.	1993	能使管理人员证明其技巧与能力的特性，它通常体现于一定的职业领域。胜任力也体现了将技能从一个领域迁移到另一领域的能力。
Parry S. B.	1996	影响个人工作的最主要因素，是一个包含知识、态度及技能等相关因素的集合，可由一个标准加以衡量，与绩效密切相关。
Amuel G.	1999	对达到工作目标所使用的可测量的工作习惯、个人知识和技能的书面描述。
Richard M.	2000	与一个职务的高绩效相联系的知识、技能、能力等相关特征。
Helley	2001	常常被用来描述一个广泛的特质群，如从动作技能到人格特征，从安全分离细胞的能力到成功地回应调查报告者提出的问题的能力等。事实上，胜任力通常被定义为一种特性，这种特性能够使一个人以富有成效的方式完成他/她的工作，而且，这种特性能够依据一个可接受的绩效标准进行测量。它包含知识、技能、能力、特质、态度、动机和行为等多个方面。
Frank L. Landy, Jeff M. Conte	2004	胜任力是一系列行为，通常可以从经验中学习，这些行为对完成不同的任务起重要作用。
Andrew J. Elliot, Carol S. Dweck	2005	胜任力或许可以定义为效率、能力、充裕、成功的状态或品质。
Richard A. Swanson, Elwood F. Holton	2009	胜任力是在特定领域展示出的行为，体现为个体能在行动中能以较低程度的投入获得较大的收益。

资料来源：依据 Testing for competence rather than for 'intelligence'（David C. McClelland，1973）和 Just what is a competency and Why should you care?（Parry S. B.，1998）等相关文献综合而成

"胜任力"概念在国内最早见诸公开发表的是 20 世纪 90 年代。1994 年，金祥林在探讨布鲁纳学习动机论的时候率先把"胜任力"这一概念引介到国内。他在《布鲁纳学习动机论探讨》一文中阐述到："学习动机是学习活动的动力因素，是引发和维持学习活动的动因和力量。引发学习动机的因素有的来

自外部，有的来自内部，因此，学习动机可分为外部动机和内部动机。布鲁纳特别强调内部动机的作用，认为外部动机对学习的影响没有内部动机长久。他把内部动机归结为好奇心、胜任力、自居作用和互易性等内驱力，主张通过增进教材的趣味性以引发学习动机，并提出适度动机等问题"。❶ 至于"胜任力"究竟是什么？它和传统的"能力"、"素养"等有哪些联系与区别等，该文则付之阙如。1997 年，朱伟华在介绍英国大学师资培训课程的时候也提到了胜任力概念。朱氏在文中阐述到，作为英国师资培训课程主体的"研究生教育证书课程"（PGCE），其课程内容由以下三个内在相互联系的要素组成："学科研究"、"专业研究"和"教学实践经验"。"'教学实践经验'涉及培训课堂教学中新教师的自信心和胜任力，确保他们能从事富有成效的教学工作。这有点类似于我国师范教育计划中的教学实习课。"❷ 其中中学 PGCE "教学实践经验"由"小学经验入门"与"教学实际训练"两部分组成。"该课的目的旨在使学生获得在中学工作的实践经验，包括听课、备课、有效的课堂教学管理、上实习课、学生作业评定、教学的自我评价以及学校中作为教师的一般责任与义务"。❸ 尽管此处没有专门阐释"胜任力"概念的内涵，但是从文中的表述我们还是能略见端倪，也就是其与实际工作相联系的、包括知识、技能（备课、课堂教学管理、学生作业评定等）和素养动机等要求。

1998 年，兰英在介绍英国师资培训的新动向时引介了"教育胜任力"的概念。她指出，进入 20 世纪 90 年代后，英国师资培训出现了两个值得注意的发展趋向，其中之一就是不同程度地对师范生应具备的教育胜任力提出了更为具体的要求，以适应中小学实际教学之需。比如"英格兰和威尔士在 1992 ~ 1993 年共同发布了一系列联合通告，规定中小学教师必须具备的教育胜任力主要有：学科知识、学科教学、班级管理、学生成绩的记录和评价、学校管理的参与。"❹ 而且"各种政策明确地表示出'教育胜任力'是衡量培训效果的'核心标准'"。由此可见，与传统的重视师资的理论学习相比，英国一方面强调了实践技能的重要性，更为重要的是强调了两者的契合与有效的传递，"中小学教师应具备的知识和实际运用知识的方式与师范生在高等学校发展起来的一些知识和运用方式有所不同"，前者更为综合并与实际情境紧密关联，主要

---

❶ 金祥林. 布鲁纳学习动机论探讨［J］. 鞍山师范学院学报，1994（1）：71.
❷ 朱伟华. 20 世纪 90 年代英国大学师资培训课程概述［J］. 外国教育资料，1997（1）：18.
❸ 朱伟华. 20 世纪 90 年代英国大学师资培训课程概述［J］. 外国教育资料，1997（1）：19.
❹ 兰英. 英国师资培训新动向及几点启示［J］. 比较教育研究，1998（1）：25.

包括"学科知识、学科教学、班级管理、学生成绩的记录和评价、学校管理的参与"。可以看出，实际上这正是教师岗位胜任力的核心。

通过上文的引述我们或许可以推断，上述三位学者很有可能是在介绍国外其他理论（如布鲁纳的学习动机理论）时顺便将"胜任力"这一新概念引介到国内的。至于胜任力究竟是什么，其内涵如何，其在人力资源管理、教师教育、心理学领域所起的作用等，大多语焉不详，由此或许可以推断，"胜任力"在当时并未引起作者更多的关注。

我国最早对胜任力理论系统引进、研究并运用于实践的是"原邮电部1998年软科学课题'通信业管理干部测评及其量化评估方法'的研究"[1]。这项研究旨在解决用传统的职位分析来确定管理者所需要具备的任职要求并据此进行选拔、考核和评价管理者的方式已经不适应全球化发展的背景下进行的。该研究通过行为事件访谈技术建构了我国通信业高层管理者的胜任力模型。但是该研究也没有对胜任力概念内涵进行探讨。直到近几年，由于胜任力理论引起的广泛关注，研究者日益增多，研究领域也逐步扩大，出现了一些比较典型的定义。

吴树雄认为，"所谓胜任力是指完成某一工作任务或者扮演某一社会角色所需要的，可以通过一定的方法与途径进行测量与评价的，浅表与深层、外显与内隐的个体心理及行为特征"。而作为特定的高校教师胜任力是指"高校教师个体所具备的、与实施成功教育教学科研服务等有关的一种专业知识、专业技能和专业价值观"[2]。徐建平、张厚粲认为，"教师胜任力包括教师能力、知识、自我意象、动机以及人格特点等，在学校教育教学中它能将绩效优秀的教师与一般教师区分开来"[3]。而具体到高职专业教师胜任力则"是一种岗位胜任力，是指适应高职教师教育教学这一特定岗位而必须具备的专业知识、职业技能和特质的总和，主要考察高职院校的专业教师能否表现出卓越的胜任力胜任其工作"。对校长胜任力，刘维良、赵亚男、钟祖荣的观点是，"校长胜任力，是指在学校管理中，能将高绩效、表现优秀的校长与一般校长区分开来的个体潜在的特征，主要包括知识、技能、社会角色、自我概念、动机以及相关的人格特质"[4]。同样是校长胜任力，戴瑜的观点则有所不同，"校长胜任力指

---

[1] 王继承. 谁能胜任: 胜任力模型及使用 [M]. 北京: 中国财政经济出版社, 2004: 16.

[2] 吴树雄. 高校教师胜任力: 评价模型与指标体系 [J]. 中国成人教育, 2009 (13): 33.

[3] 徐建平, 张厚粲. 中小学教师胜任力模型: 一项行为事件访谈研究 [J]. 教育研究, 2006 (1): 59.

[4] 刘维良, 赵亚男, 钟祖荣. 北京市中学校长胜任力模型研究 [J]. 中小学管理, 2007 (12): 6.

胜任校长职位者具有的个人的深层次特征。这些特征和校长取得好的工作绩效
有因果关联，它不仅包括校长应具有的知识、认知或行为技能等一般性能力要
素，还包括校长动机、特质、自我形象、态度或价值观等"。❶ 具体到中小学
校长，其胜任力则是"指在中小学教育教学工作中，能将高绩效表现优秀的
校长与一般普通校长区分开来的个体潜在的特征，主要包括能力、自我认识、
动机以及相关的人格特点等个人特性"。❷ 魏士强、洪银兴领衔的课题组对高
校领导者胜任特征的操作性定义为："在行为事件访谈法中所提取的、能够区
分高校领导者中表现优秀与表现一般的个人特征。它可以是动机、特质、自我
形象、态度或价值观、某领域知识、认知或行为技能等"。❸

应该说，上述不同的定义都从不同的角度描述了胜任力的内涵、本质及特
点，但从总体上来看，基本上没有摆脱国外学者早期对胜任力概念的定义
范畴。

（二）关于胜任力模型的研究

1. 国外的研究

胜任力模型（Competency Model）是指担任某一特定的任务角色需要具备
的胜任特征的总和，它是针对特定职位表现要求组合起来的一组胜任特征。❹
早在 20 世纪 70 年代，McClelland 和 Mcber 公司的其他成员为美国政府选拔驻
外机构外交人员而建立了第一个胜任力模型。随后各种类型的模型被纷纷建构
起来，胜任力模型的应用范围也得以扩展，以前更多的是应用于岗位管理，关
注绩效管理和职位发展。❺ 如今胜任力模型应用已经覆盖整个人力资源管理系
统，如行政人员的发展、招聘和遴选、薪酬管理、绩效考核、职业生涯发展、
工作设计、组织设计、培训与发展、培训需求分析和继任计划。❻ 在这些模型
中，以 Spencer 于 1993 年发表的五类人员（即职业经理人、专业技术人员、销
售人员、社区服务人员和企业家）的通用胜任模型最为经典、影响力也最为
广泛，见表 1 - 2。

---

❶ 戴瑜. 中小学校长胜任力研究——以宁波为例［D］. 华东师范大学博士论文，2008：61 - 62.
❷ 刘国胜，曾珍香. 中小学校长胜任力模型研究［J］. 当代教育科学，2009（22）：55.
❸ 课题组. 中国高校领导者胜任特征模型研究［J］. 管理世界，2010（6）：82.
❹ 徐建平. 教师胜任力模型与测评研究［D］. 北京师范大学博士论文，2004：7.
❺ Rankin N. The DNA of performance：the twelfth competency benchmarking survey. Competency & Emotional Intelligence，2005，13（1）：2 - 24.
❻ Davison F. D. Management Competencies. Research Startens Business，2008：1 - 15.

表 1 − 2　五类人员的通用胜任力模型

人员类别	权重	胜任特征	阈限要求
职业经理人	6	影响力、成就欲	组织权限意识、建立人际资源、技术专长
	4	团队协作、分析思维、主动性	
	3	带队伍	
	2	自信、指挥、信息搜集、团队领导、概念思维	
专业技术人员	6	成就欲	
	5	影响力	
	4	分析性思维、主动性	
	3	自信、人际洞察力	
	2	信息搜集、技术专长、团队协作	
	1	客户服务意识	
销售人员	10	影响力	相关技术或产品专业知识
	5	成就欲、主动性	
	3	人际洞察力、客户服务意识、自信	
	2	建立人际资源、分析思维、概念思维、信息搜集、权限意识	
服务人员	5	影响力、带队伍	
	4	人际洞察力	
	3	自信、自我控制、个性魅力、组织承诺、技术专长、客户服务意识、团队协作、分析思维	
	2	概念思维、主动性、灵活性、指挥	
企业家	6	成就欲、主动性、捕捉机遇、坚持性、信息搜集、质量与信誉意识、执行力	
	5	系统性计划、解决问题	
	4	自信、专业经验、自知之明	
	3	影响力	
	2	指挥	
	1	带队伍、建立人际资源	

　　资料来源：根据王继承《谁能胜任：胜任力模型及使用》（中国财政经济出版社，2004）一书第128、140、144、148、151 页有关内容整合而成

　　截止目前，学术界提出的胜任力模型主要有"冰山模型"和"洋葱模型"两种。冰山模型顾名思义就是将胜任力比喻成大海上的一座冰山，包括露出水

面的部分和水下部分。其中"知识和技能"是水面上看得见的部分,因而也容易改变;而"动机和品质"则潜藏于水面之下,不易触及也难以改变;"自我认知"和"价值观"则处于两者之间,如图1-1。

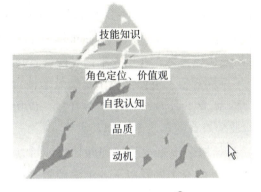

图1-1 冰山模型❶

洋葱模型(图1-2)则从另一个视角对胜任特征进行了阐述。与冰山模型类似,"知识"、"技能"、"自我形象"、"态度和价值观"、"个性动机"等反映特质的不同要素由表及里层层递进,显示了个人不同层次、不同水平、不同作用的内外部特征。

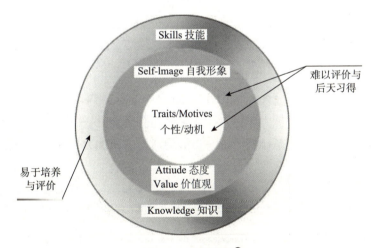

图1-2 洋葱模型❷

---

❶ 什么是冰山模型 [EB/OL]. http://www.doc88.com/p-641608087591.html,2012-12-5.
❷ 洋葱模型 [EB/OL]. http://baike.baidu.com/view/1994275.htm?fr=aladdin,2012-12-5.

胜任力模型在教育领域的研究与运用源自20世纪60年代，以美英最为典型。1967年，为了改革当时教师教育内容，美国联邦教育署研究局开始大力倡导"能力本位教师教育"（CBTE）。这种教师教育模式强调培养未来教师"能做什么"、"应做什么"及"应具备什么样的能力"。它与传统教师教育中注重未来教师"应该知道什么"的培养方式有很大的不同。❶ 在20世纪70年代后期，美国中学校长协会（the National Association for Secondary School Principals）建立了校长胜任力指标体系，并用它来指导校长选拔和职业发展工作。❷ Hay McBer 公司研究了不同规模和类型学校中高绩效学校领导的特点，提出了优秀学校领导胜任力模型。❸ Stemberg 提出了由智慧、成功智力、创造性和综合能力等四个因素构成的教育领导者 WICS 模型。❹

1992年，苏格兰校长协会根据学校管理胜任力项目（The School Management Competences Project）研究结果发布了一个学校管理标准体系，包括4个方面10项胜任特征，见表1-3。

表1-3　苏格兰学校管理标准体系

四个方面	胜任特征
政策管理	评价、开发和展示学校目标政策；发展与学生、家长、职员、董事和社会的支持关系
学习管理	为支持学生的学习而开发各种手段监控学习过程
人员管理	补充、选拔教师；发展团队个人；强化绩效意识；计划、分配和评价他人和自己的工作；维持有效的工作关系
资源管理	确保资源有效分配；监控资源使用

资料来源：程凤春．学校管理者胜任力研究及其成果应用［J］．比较教育研究，2004（3）：61

英国教育评估中心（National Education Assessment Center，NEAC）认为教育领导者应具备的内在能力包括：①人际内在基础能力——领导、敏感性和压力容忍力；②沟通内在基础能力——口头沟通与书面能力；③管理内在基础能

❶ McLagan, P. A. Great Ideas Revisited［J］. Training & Development Journal, 1996, 50（1）：60 - 65. 转引自陈斌，刘轩．高等职业院校教师胜任力模型的构建［J］．高教发展与评估，2011（11）：106.

❷ Mark Brundertt. The Question of Competence：the Origins, Strengths and Inadequacies of a Leadership Training Paradigm. School Leadership & Management, 2000, 20（3）：354.

❸ Hay McBer's Models of Excellence for School Leaders, http：//www. ncsl. org. uk/. 转引自徐建平．教师胜任力模型与测评研究［D］．北京师范大学博士论文，2004：15.

❹ Sternberg R. J. A model of educational leadership：Wisdom, intelligence and creativity, synthesized. International Journal of Leadership in Education, 2005, 8（4）：347 - 364.

力——问题分析能力、组织能力和果断力；④个人广度内在基础能力——兴趣广度与个人动机。❶ 对于校长，英国学校领导学院在 2003 年提出应该具备的技能与特质有：①领导的能力。具有领导与管理能力，方能达成工作目标；②决策的能力。具有研究调查、解决问题与作决定的能力；③沟通的能力。有清晰的中心思想和对愿景的了解，如有效的口语传播与书写、协调商议的技巧、良好的沟通系统、主持会议的技术、发展与利用网络进行沟通；④自我评估的能力。有时间管理与自我组织的能力，如有效的时间管理、具抗压性、具挑战性和自我成长的责任感；⑤特质。包括个人的影响与态度、新思想与环境的适应力、体力、活力与毅力、自信心、热忱、智能、可靠性与诚实、承诺。❷ 这实际上就是英国校长胜任力模型的核心构成要素。

澳大利亚校长中心提出了中小学校长的领导胜任力包括教育领导能力、监督、绩效评估、个人知觉、沟通、压力管理、冲突管理、个人管理、发展他人、影响力、团队建设、系统思维、战略思考和计划、建立组织文化、资源管理、项目管理、全球化视角、环境与人和谐发展、领导远见以及公共关系能力。❸

日本在校长选拔过程中也比较注重候选者的胜任力。如中小学校长选任时，除了必要的书面考试之外，大多设有面试环节，在这一环节重点考察候选者的胜任特征情况。2010 年日本文部科学省对全国 47 个都道府县校长选任情况的调查表明，所有都道府县的小学和初中校长选任都采用了笔试加面试的方式；33 个都道府县的高中校长选任采用了笔试加面试的方式，占比 70.21%；37 个地区的特殊教育学校等校长选任采用了上述方式，占比 78.72%。❹ 从包括高职院校在内的大学校长的选任情况看，尽管国立、公立和私立学校有所不同，但大多设置专门的选考机构负责这项工作。❺ 这些选考机构在对候选人进行考察时，非常注重其能否与拟任学校校长岗位具有良好的"适应性"，这实际上正是基于胜任力理论要求的体现。

---

❶ Trotter A. & Ellison L. Understanding competence and competency. In Davies B. & Ellison L. (Eds.), School Leadership for 21st Century: A Competency and knowledge Approach, London: Routledge, 1997: 36 - 53.

❷ 戴瑜. 英美校长胜任力研究综述 [J]. 外国中小学教育, 2008 (6): 14.

❸ 王芳. 中小学校长胜任力模型及其与绩效的关系研究 [D]. 南京师范大学博士论文, 2008: 21.

❹ ［日］文部科学省. 公立学校における校长等の登用状况等について ［EB/OL］. http://www.mext.go.jp/b_menu/houdou/22/10/attach/1298528.htm, 2014 - 5 - 5.

❺ ［日］文部科学省. 学长の选考方法 ［EB/OL］. www.mext.go.jp/b_menu/shingi/chukyo/chukyo4/.../1340990_4.pdf, 2014 - 5 - 5.

纵观国外建构的校长胜任力模型，按照模型内涵要素的程度水平，大体上可分为两种：一种是基准模型，另一种是卓越模型。前者是以满足岗位资格要求为特征的，而后者主要是研究有效管理者的技能和行为并以此确定管理者的胜任特征标准，这种模型是以表现出色为标准的。基准模型和卓越模型两者相互补充，共同构成校长职业岗位的本质特点和素质要求。

2. 国内的研究

截至目前，国内建构的胜任力模型并运用到相关领域实践中的研究主要集中在两大领域，一是管理领域，二是教育领域。

（1）管理领域的胜任力模型研究

在管理领域比较典型的胜任力模型如下。

王重鸣、陈民科在全国 5 个城市的 51 家企业选择了 220 名中高层管理人员进行了调查，对管理胜任力特征进行了分析。结果表明，管理胜任力特征由管理素质和管理技能两个维度构成。对企业正职领导来说，其胜任力特征包含价值倾向、诚信正直、责任意识、权利取向、协调监控能力、战略决策能力、激励指挥能力和开拓创新能力 8 个要素，而企业副职领导的胜任力特征则包含价值倾向、责任意识、权利取向、经营监控能力、战略决策能力和激励指挥能力 6 个因素。由此可以看出，企业正副职领导在管理胜任力特征上是存在差异的，"正职与副职相比，更加突出了诚信正直和开拓创新能力这两个要素"。❶

时勘、王继承、李超平采用 BEI 技术在全国电信系统挑选了陕西、湖北、安徽和北京等地的通信业高层管理干部（局级），探讨了我国通信业高层管理者的胜任力模型，包括：影响力、组织承诺、信息寻求、成就欲、团队领导、人际洞察力、主动性、客户服务意识、自信和发展他人共 10 项胜任特征。❷

仲理峰、时勘通过对 18 名家族企业高层管理者的关键行为事件访谈，建立了我国家族企业高层管理者胜任力模型，包括威权导向、主动性、捕捉机遇、信息寻求、组织意识、指挥、仁慈关怀、自我控制、自信、自主学习、影响他人等 11 项胜任特征。与国外企业高层管理者通用胜任特征相比，"威权导

---

❶ 王重鸣，陈民科. 管理胜任力特征分析：结构方程模型检验 [J]. 心理科学，2002，25（5）：516.

❷ 时勘，王继承，李超平. 企业高层管理者胜任特征模型评价的研究 [J]. 心理学报，2002，34（3）：306.

向、仁慈关怀是我国家族企业高层管理者独有的胜任特征"。❶

高建设、王晶、谢嗣胜、宁宜熙对航空高科技企业32名党委书记的胜任力进行了研究，得出其具有合作意识、战略思维、人才培养、激情进取、参与决策、沟通能力、关心员工、组织监控、成就导向、关系构建、党务知识和展示影响等12项胜任特征。❷

（2）教育领域的胜任力模型研究

国内学者将胜任力理论引用到教育领域主要是进入新世纪以后的事情。如果按照教育领域不同群体胜任力模型分类，主要包括普通学校教师群体胜任力模型、高职院校教师群体胜任力模型、中小学校长胜任力模型和包括大学校长在内的普通高校管理者胜任力模型。

①教师群体胜任力研究

徐建平、张厚粲以陕西省部分地区的中小学教师为样本对象，运用BEI方法和心理测量学技术，构建了中小学教师胜任力模型，见表1-4。同时该研究运用测验法对模型进行了验证，即，依据BEI访谈资料，编制《教师胜任力测验》问卷，抽取不同的被试实施调查进行交叉验证。该研究的另一个显著特点就是着眼于实践运用，将建构的胜任力模型和编制的测验问卷运用到实践中，测量了陕西省其他地区以及北京市部分在岗中小学教师的胜任力水平。结果表明，被测区域在岗教师胜任力水平较好，达到该测验评定的四级水平（共分五级，五级最高）。上述研究突破了以往有关教师研究的局限，对教师胜任力问题获得了较为完整的结论。

表1-4　中小学教师胜任力模型

胜任特征类别	具体胜任特征
鉴别性胜任特征	提升的动力、责任感、理解他人、自我控制、专业知识与技能、情绪觉察能力、挑战与支持、自信心、概念性思考、自我评估、效率感
基准性胜任特征	组织管理能力、正直诚实、创造性、宽容性、团队协作、反思能力、热情、沟通技能、尊敬他人、分析性思维、稳定的情绪

资料来源：徐建平，张厚粲. 中小学教师胜任力模型：一项行为事件访谈研究［J］. 教育研究，2006（1）：59

---

❶ 仲理峰，时勘. 家族企业高层管理者胜任特征模型［J］. 心理学报，2004，36（1）：110.
❷ 高建设，王晶，谢嗣胜，宁宜熙. 企业高层管理者胜任特征研究［J］. 统计与决策，2008（24）：181.

汤舒俊，刘亚，郭永玉对中南地区5所大学的现任在岗教师的胜任力进行了研究，其胜任力可归为四个因子：人格魅力、学生导向、教学水平和科研能力。❶

林立杰通过对某高校20位教师进行行为事件访谈，结合问卷调查进行验证得出了高校教师胜任力模型，见表1-5。

表1-5 普通高校教师胜任力模型

胜任力族	胜任力要素
个性要素族	自信心、成就动机、独立性、身体适应能力、变革性、坚韧性、自控力、恃强性、责任心、移情能力
必备知识族	专业知识、环境知识、组织知识、理论知识
工作技能和综合能力族	信息采集能力、创新能力、学习能力、自我发展能力、团队合作能力、综合分析能力、动手能力、提供与反馈能力、解决问题能力、前瞻性思维能力、理解能力、解决冲突能力、语言表达能力、影响他人能力、逻辑思维能力、应变适应能力、关系构建能力、发散思维能力、指导能力、观察能力、定量分析能力、倾听能力

资料来源：林立杰.高校教师胜任力研究与应用［M］.中国物资出版社，2010：52

王林雪、郑莉莉、杜跃平对研究型大学教师的胜任力进行了研究，得出其胜任力模型包括个人特质、科学研究、人际沟通、个人品质、主动奉献5个一级指标和31个二级指标，见图1-3。

值得关注的是，近几年来，有少数研究者对高职院校教师胜任力问题进行了探讨并在此基础上建构了高职院校教师胜任力模型。

张颖、蒋永忠、黄锐等在行为事件访谈法和问卷调查法的基础上，运用因子分析法构建了高职院校"双师型"教师的胜任力模型。结果表明，由于高职院校的特殊性，其胜任力由实践素养、教学素养、职业素养、良好心态和科研创新力等几个要素构成。❷

陈斌、刘轩用问卷调查的方法分析了苏州7所高职院校的教师胜任力并尝试构建了高职院校教师二阶三因素胜任力模型，即包括工作态度、能力技能、

---

❶ 汤舒俊，刘亚，郭永玉.高校教师胜任力模型研究，教育研究与实验，2010（6）：78.
❷ 张颖，蒋永忠，黄锐.高职院校"双师型"教师胜任力模型的构建［J］.安徽农业大学学报（社会科学版），2010（3）：61.

个性特征三因素。其中工作态度有责任感、奉献精神因子，能力技能有科研能力、教学能力、专业技能、管理能力等因子，个性特征有情绪稳定、乐群性、主动性、宽容性等因子。❶

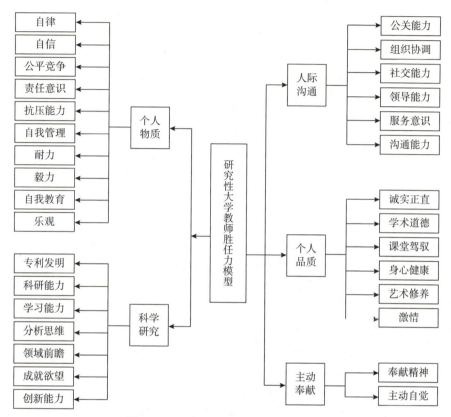

图 1 – 3 研究型大学教师胜任力模型❷

方向阳通过对某高职院校教师的行为事件访谈和江苏 10 所高职院校教师的问卷调查，得出高职院校教师的六个维度（自我管理、科技素养、教学能力、工作态度、实践能力、职业素养）28 个因子胜任力模型。❸

表 1 – 6 是综合上述研究的结果反映。

❶ 陈斌，刘轩. 高等职业院校教师胜任力模型的构建 [J]. 高教发展与评估，2011（11）：106.

❷ 王林雪，郑莉莉，杜跃平. 研究型大学教师胜任力模型构建 [J]. 现代教育科学，2012（1）：68.

❸ 方向阳. 高职院校专业教师胜任力模型研究 [J]. 职业技术教育，2011（25）：73.

表1-6 高职院校教师群体胜任力模型

研究者	研究对象	研究方法	胜任力模型	
			维度	要素因子
张颖 蒋永忠 黄锐 (2010)	安徽某高职院校"双师型"教师	行为事件访谈法、问卷调查法	实践素养	技能专长、企业经历、专业培训、技能证书的获取、指导实践教学的组织协调和管理能力
			教学素养	语言表达艺术、先进的职教理念和教学方法、专业知识、学习能力
			职业素养	事业心、责任感、交流沟通能力、团队精神、职业道德和素养
			良好心态	自信、成就感、亲和力、前瞻性
			科研创新力	科研能力、创新力、科研成果转化率、"理实合一"能力、实践探索能力
陈斌 刘轩 (2011)	苏州7所高职院校教师	问卷调查法	工作态度	责任感、奉献精神
			能力技能	科研能力、教学能力、专业技能、管理能力
			个性特征	情绪稳定、乐群性、主动性、宽容性
方向阳 (2011)	江苏11所高职院校	行为事件访谈法、问卷调查法	自我管理	应变能力、调控能力、组织协调能力、学习能力、成就感、善于总结
			科技素养	科研能力、科研成果转化能力、技术研发能力、开拓创新能力、实践探索能力
			教学能力	语言表达能力、职教理念和方法、多种教育教学方法、专业知识、指导实践教学
			工作态度	换位思考、尊重学生、亲和力、职业道德和素养
			实践能力	技能专长、社会实践经验、企业工作经历、技能证书获取
			职业素养	事业心、责任心、自信心、进取精神、奉献精神

资料来源：根据陈斌、刘轩的《高等职业院校教师胜任力模型的构建》（刊载于《高教发展与评估》2011年第11期）和方向阳的《高职院校专业教师胜任力模型研究》（刊载于《职业技术教育》2011年第25期）等文献综合提炼而成

通过以上的分析可以发现，尽管同为教师群体，但不同类型学校教师胜任力表现为不同的侧重点。总体而言，这些不同的教师群体胜任力与所在岗位职

责任务密切关联，如普通高校的教师除了个体特质与奉献精神外，强调其教育教学和科学研究的能力与水平是其鲜明的特点，而高职院校教师则比较关注职业素养和实践能力，这与高职院校培养技术技能型人才的功能目标定位以及和社会经济紧密联系的本质特点密不可分。

②中小学校长胜任力研究

戴瑜采用了 BEI 和不同样本对象问卷调查法（核检表），通过浙江宁波市某区中小学校长群体的研究，确定了其胜任力模型，其中优秀校长胜任力具有8 项特征，普通校长具有 15 项胜任特征，同时该研究尝试将胜任力研究成果应用于实践，基于校长胜任力模型制定了宁波市某区校长专业发展行动计划，见表 1 - 7。

表1 - 7 中小学校长胜任力模型❶（浙江）

胜任力模型类型	胜任特征
优秀中小学校长	自信心、建立关系、影响力、自我控制、资源管理、分析思考、发展他人、战略思考
普通中小学校长	尊重理解他人、互动沟通、灵活性、团队精神、创新变革、自我评估、专业知识与技能、前沿追踪、持续学习、执行力、成就导向、责任心、务实、诚实正直、主动性

刘国胜、曾珍香以河北某区在职和近 5 年内退休的中小学校长为研究对象，研究了其胜任力。结果表明，其胜任特征包括成就特征、管理特征、认知特征、个人特质、服务特征五大类 18 个因子，见表 1 - 8。❷

表1 - 8 中小学校长胜任力模型（河北）

胜任力模型类型	胜任力特征
区分性校长胜任力	理解他人、灵活性、主动性、合作精神、创新性、责任心、自我控制、专业知识与技能
合格性校长胜任力	影响力、成就导向、收集信息、分析性思考、组织意识、发展他人、概念性思考、建立关系、自信心、学习发展

王芳通过江苏省内高绩效的中小学校长 12 人进行关键事件访谈研究，得出由六大类别 32 个要素组成的中小学校长胜任力模型，见表 1 - 9。

---

❶ 戴瑜. 中小学校长胜任力研究——以宁波为例 [D]. 华东师范大学博士论文，2008：61 - 62.
❷ 刘国胜，曾珍香. 中小学校长胜任力模型研究 [J]. 当代教育科学，2009（22）：55.

表 1-9 高绩效中小学校长胜任力模型❶（江苏）

类　别	变　量
成就特征	成就目标、个人责任、自信心、主动性
认知与学习能力	决策判断、分析性思维、整体性思维、创新性、信息收集、持续学习
道德影响力	榜样示范、公平公正、严于律己、使命感、敬业精神
团队领导与管理	课程知觉、合理授权、制度建设、团队激励、团队合作、愿景领导、关爱学生、发展下属、组织知觉
沟通和建立关系	移情能力、冲击与影响、倾听接纳、沟通能力、公关能力
个人特质	自我控制、灵活性、职业偏好

　　刘维良、赵亚男、钟祖荣研究了北京市中学校长的胜任力，发现优秀校长和普通校长胜任力特征差异显著。其中校长共有胜任特征 15 项，优秀校长胜任特征 14 项，普通校长胜任特征 1 项，见表 1-10。

表 1-10 中学校长胜任力模型❷（北京）

胜任力类别	胜任力特征
校长共有胜任特征	人际理解、诚信正直、沟通能力、识人用人、组织洞察、影响力、资源开发与利用、培养人才、职权运用、团队合作、决策力、反思力、灵活性、宽容、责任心
优秀校长胜任特征	成就导向、主动性、战略策划、使命感、信息寻求、制度建设、团队领导、分析思维、概念思维、专业素养、学习领悟、自信心、创新意识、意志力
普通校长胜任特征	关系建立

　　③普通高校高层管理者胜任力研究

　　古永司首次对中国大学校长应具备的胜任力进行研究并得出了大学校长的 12 项胜任能力，分别是知识能力、认知能力、人际关系能力、行为影响力、管理能力、沟通能力、创新能力、发展意识、激励能力、经济能力、人格魅力、良好的政治素质和清晰的办学理念；❸尹晓敏则提出大学高层管理者既是全面负责大学教学、科研与社会服务工作的管理者，又是专家型的教学科研人员，因而大学高层管理者必须具备担任双重角色的核心胜任力，即管理胜任力和专业胜任力，如图 1-4 所示。

---

❶ 王芳. 中小学校长胜任力模型及其与绩效的关系研究 [D]. 南京师范大学博士论文，2008：63.
❷ 刘维良，赵亚男，钟祖荣. 北京市中学校长胜任力模型研究 [J]. 中小学管理，2007（12）：6.
❸ 古永司. 现代大学校长胜任力理论分析 [J]. 当代教育论坛，2007（1）：33-34.

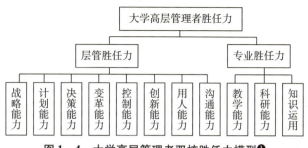

图1-4 大学高层管理者双核胜任力模型●

魏士强、洪银兴领衔的课题组选取了中国"985"高校和"211"高校中的 28 名党委书记和校长作为样本对象，对他们进行行为事件访谈得知，"优秀组和一般组在领导力（培养他人、团队合作、团队领导）、事业心（主动性、成就导向）、思考力（分析思维、弹性）、影响力（冲击影响、组织认知）4个胜任特征族群方面存在显著性差异，而且都是优秀组高于一般组"，其胜任力模型见图 1-5。

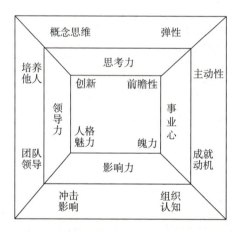

图1-5 高校高层领导者胜任力模型图❷

刘晶玉、娄成武、任峥嵘等人运用半结构访谈法和问卷调查法构建了我国普通大学校长胜任力模型，并得出了人格魅力、教育理念、管理能力、人际关系和发展意识等五个维度共23个胜任特征。分别是：人格魅力包括心胸开阔、心理素质、激励能力、有激情、身体素质；教育理念包括深邃的教育思想、明

❶ 尹晓敏. 大学高层管理者双核胜任力模型研究 [J]. 现代教育管理, 2009 (10)：74.
❷ 课题组. 中国高校领导者胜任特征模型研究 [J]. 管理世界, 2010 (6)：82.

确的办学理念、政治敏感性、社会责任；管理能力包括：执行能力、师资队伍建设、学习能力、定位能力、科学决策力；人际关系包括：资源整合、确定利益主体能力、沟通协调能力、社会活动能力、团队建设能力；发展意识维度包括：学术威信、战略规划、开拓创新能力、愿景能力等，见表1-11。

表1-11　普通大学校长胜任力模型❶

维度	胜任特征
人格魅力	心胸开阔、心理素质、激励能力、有激情、身体素质
教育理念	深邃的教育思想、明确的办学理念、政治敏感性、社会责任
管理能力	执行能力、师资队伍建设、学习能力、定位能力、科学决策力
人际关系	资源整合、确定利益主体能力、沟通协调能力、社会活动能力、团队建设能力
发展意识	学术威信、战略规划、开拓创新能力、愿景能力

由上不难得知，这些不同区域、不同类型学校校长（领导者）的胜任力模型既有共性也有差异。以比较典型的中小学校长胜任力的四项研究为例（研究者分别是浙江的戴瑜，河北的刘国胜、曾珍香，江苏的王芳，北京的刘维良、赵亚男、钟祖荣），其研究得出的中小学校长胜任力要素（含优秀和普通）累计47项，包含浅层的知识水平、学习能力、团队领导以及深层的成就特征、自我控制、使命感等。尽管建构上述模型时取样对象分别属于地缘差别较大的不同省市（北方2个地区、南方2个地区），但是其胜任力模型要素共性还是比较多，其中四个区域完全一致的要素有11项、三个区域一致的要素有5项、两个区域相一致的要素有9项，见表1-12。

表1-12　四个不同区域共有的中小学校长胜任力要素

完全一致的胜任力要素	三个区域共有的胜任力要素	两个区域共有的胜任力要素
自信心、建立关系、影响力、分析思考（分析性思维）、发展他人（培养人才）、灵活性、团队精神（团队合作、合作精神）、持续学习（学习发展、学习领悟）、成就导向（成就目标）、责任心（个人责任）、主动性	自我控制、创新变革（创新意识、创新性）、诚实正直（公平公正）、信息寻求（收集信息）、组织意识（组织知觉、组织洞察）	资源管理（资源开发与利用）、战略思考（战略策划）、人际理解（尊重理解他人）、专业知识与技能、概念思维（概念性思考）、决策力（决策判断）、使命感、制度建设、团队领导（团队激励）

资料来源：本研究（注：为简约起见，以下所有的表格和图例，凡是由本研究得出的均省略标注）

---

❶ 刘晶玉，娄成武，任峥嵘．大学校长胜任力模型研究 [J]．现代大学教育，2010（4）：43．

进一步考察上述四项针对中小学校长胜任力的研究，可以发现他们在研究方法上均采取了行为事件访谈法（BEI），而且研究过程也比较规范。尽管建立胜任力模型有多种方法，包括专家小组、问卷调查、观察法等，但是目前得到公认且最有效的方法是美国心理学家 McClelland 结合关键事件法和主题统觉测验而提出来的行为事件访谈法（Behavioral Event Interview，简称 BEI），❶ 上述不同的四项研究得出的良好的一致性结果可以说是对以上判断的又一次验证。

与中小学校长胜任力研究形成鲜明对照的是对大学校长（高校领导者）胜任力的研究。考察发现四项研究得出的高校领导者胜任力模型要素共计 42 项，尽管是同样取向的研究，其中完全一致的要素仅有 1 项，即"变革"（含创新能力），比较一致的要素也仅有 2 项，分别是沟通协调和管理能力（含团队领导）。进一步分析发现，上述研究尽管目标指向均是高校领导者胜任力，但是在样本对象和研究方法上却有较大的不同。在取样对象上，有的是大学校长和副校长、有的是大学党委书记、还有的没有具体取样对象；在研究方法上，有的是理论分析法、有的是思辨研究法、有的是半结构访谈和问卷调查相结合的方法，只有一项研究采用的是行为事件访谈法（BEI）。所以结果表现出的差异如此之大也就不难理解了。而实际上由于大学校长和书记以及副校长岗位职责不同和要求不一，不加区分地笼统合一并在此前提下分析其胜任力要素，可以想见结果不一致在所难免，并且研究方法的选取不统一，更是加剧了研究结论较大差异的出现，见表 1－13。

表 1－13　大学校长（高校领导者）胜任力研究情况

研究者	胜任力群体	样本对象	研究方法
古永司（2007）	现代大学校长	无具体取样对象	理论分析法
尹晓敏（2009）	大学高层管理者	无具体取样对象	思辨法
课题组（2010）	高校领导者	"985"和"211"高校的校长、书记	行为事件访谈法
刘晶玉、娄成武、任峥嵘（2010）	大学校长	北京、上海、兰州、吉林、四川、陕西等六省市大学正副校长	半结构访谈法 问卷调查法

❶　时勘，王继承，李超平. 企业高层管理者胜任特征模型评价的研究［J］. 心理学报，2002（3）：306.

（三）其他有关的研究

除了上述研究之外，国内有些研究者基于自身或团队研究胜任力的经验过程，介绍、阐释了胜任力研究的关键技术、胜任力模型的建构方法以及验证方法等。如时勘、侯彤妹介绍了基于胜任特征的行为事件访谈技术是如何操作的，操作后又是如何编码的，以及自己在实际操作中的体会；❶ 时雨等对 360度反馈评价方法的基本概念、评价结构、评分者一致性以及评价反馈等进行了研究；❷ 徐建平和张厚粲结合对教师胜任力的研究经验，对质性研究中编码者信度进行了多种方法的考察，结果表明"归类一致性指数和编码信度系数受相同编码数影响而不稳定，相关系数受数据类型制约，中位数检验受研究设计影响，概化系数则受编码者和编码项目的数量影响"，所以，"研究中须合理选用"。❸

综上不难发现，围绕高职院校校长的研究已经有了初步进展，围绕胜任力的研究也取得了一定的成果。但不难看出这些研究从研究内容上看，多是集中探讨高职院校校长基本特质、角色定位、领导特征等，尤其对普通高校校长的作用价值、角色内涵、素质能力等作了更为深入全面的探究。在关于胜任力的研究上，表现为研究普通教育教师胜任力的较多，研究职业院校教师胜任力的较少；研究企业管理者胜任力的较多，研究学校领导者胜任力的较少。即使是学校领导者胜任力的研究，也仅限于普通中小学校长和普通高校领导者。并且对高校领导者胜任力的研究，存在研究对象取样不一致、研究方法选择不统一的问题。尽管如此，上述研究都为本课题的研究提供了重要的视角参照。在笔者检索的范围内，研究高职院校校长胜任力的成果尚未可见。

众所周知，改革开放以来，中国的国策转移到以经济建设为中心上来，由此带来了对各级各类人才、尤其是技术技能型人才的大量需求，在这样的社会背景下，包括高职在内的职业教育在我国受到前所未有的重视，得到了快速发展，已经占据了同等层次教育的"半壁江山"。作为一种特殊类型的教育，高等职业教育兼具职业性与高等性，有着其特殊的运行规律和人才培养模式，因而其教师和管理者、尤其是作为学校灵魂的校长也相应地要求具备不同的专业素质与能力，只有对其作深入的研究与探讨，才能有效提升高等职业教育教育

---

❶ 时勘，侯彤妹. 关键事件访谈的方法 [J]. 中外管理导报，2002（3）：52.

❷ 时雨，张宏云，范红霞，时勘. 360度反馈评价结构和方法的研究 [J]. 科研管理，2002（5）：124.

❸ 徐建平，张厚粲. 质性研究中编码者信度的多种方法考察 [J]. 心理科学，2005，28（6）：1430.

者和管理者的水平，进而达到提高其人才培养质量的目的。换言之，现有的对普通学校教师和校长的规律性探究并不能完全反映高职院校，更不能替代对高职院校相应群体的研究，尤其是在我国高等职业教育的发展方式与发展重点面临转折的当下，通过对高等职业教育发展的历史与现状、高职院校的职责与功能、高职院校校长角色的作用等了解基础上，研究高职院校校长胜任力的概念内涵，实证建构高职院校校长胜任力模型，并将之运用到我国高职院校校长管理实践中来，显得非常必要而迫切。

第四节 研究问题、思路与方法

一、研究问题

本研究试图解决以下三个问题：

第一，什么是高职院校校长胜任力，其概念内涵和核心要素是什么；

第二，实证建构样本区域高职院校校长胜任力模型并进行验证，以便有效刻画并形象概括高职院校校长胜任力的关键特征，加深对高职院校校长胜任力的理解和把握；

第二，解决应用的问题，即如何借鉴胜任力理论来改进现有高职院校校长的选任，以便提高校长管理水平，使选出的校长更能胜任高职院校岗位工作并进而促进其专业化发展。

二、研究思路

针对上述研究问题，本研究按照"理论研究—实证研究—应用研究"这一逻辑主线逐层递进展开。理论研究主要回答"是什么"的问题，是一种对内涵的挖掘与明晰。主要通过对胜任力概念的缘起、发展和应用的分析归纳来回答究竟什么是高职院校校长胜任力，其内涵、特征、要素有哪些，这是后续研究的思想基础和理论假设；实证研究主要运用行为回顾式探索技术，通过对样本区域高职院校校长关键行为事件的深入挖掘和分析，重点追述样本对象在过去真实情境中采取的举措和行动，实证探究其行为背后的深层特质以及各要素之间的内在机理，在此基础上建构区域高职院校校长胜任力模型。总体而言，该层面研究的核心取向是"为什么"，即从科学实证的角度探寻高职院校校长胜任力的本质特征和内在规律。应用研究回答的是"怎么办"问题，即探索解决问题的方法和思路。"要想考察任何有意义的人类行动的根本成分，首先应从'目的'和'手段'这两个范畴入手"，❶ 从这个角度而言，应用研究即是本研究的主要"目的"之一，即以高职院校校长胜任力的理论探究（概念内涵）和实证研究（模型建构）为手段，最终达到提升高职院校校长管理能力、促进高职院校校长专业化发展、进而提高高等职业教育质量、尽早建成高等教育强国的目的。具体的技术路线与研究框架如图1-6所示。

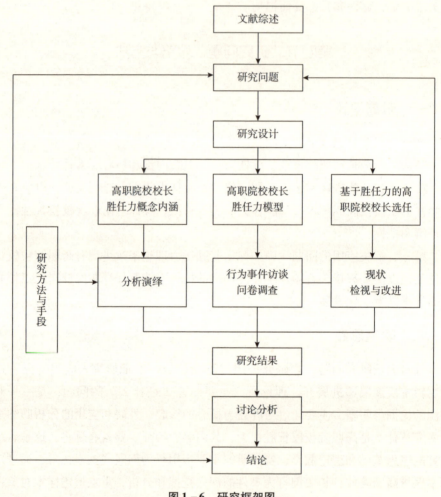

图1-6　研究框架图

---

❶ ［美］塔尔科特·帕森斯. 社会行动的结构［M］. 张明德，夏遇南，彭刚，译. 北京：译林出版社，2012：7.

三、研究方法

针对上述研究问题，本研究所采取的主要研究方法是行为事件访谈法、德尔菲法和调查研究法等。

（一）行为事件访谈法

行为事件访谈法（Behavioral Event Interview，简称 BEI），是一种开放式的行为回顾式探索技术，是揭示胜任特征的主要工具，也是本课题采用的主要研究方法之一。其主要过程是请受访者回忆过去在工作上感到最具成就感（或挫折感）的关键事例，包括正面结果和负面结果的事件各 3 项，主要内容有情境的描述、有哪些人参与、实际采取了哪些行为、结果如何等。本课题将选定16 位高职院校校长（其中绩优校长 8 名、普通校长 8 名）实施行为事件访谈调查。了解其自身职业生涯过程中的成功与失败的经历，探寻其对校长职业的认识与思考，进而挖掘高职院校校长显性与内含的特质，为高职院校校长胜任力要素的辨识和提炼提供坚实的实证数据基础。

（二）德尔菲法

德尔菲法（Delphi）又称专家咨询法。由于本研究既是一个理论问题研究，同时更是一个实践问题研究，所以咨询与高职院校校长有密切联系的有关专家的意见和看法，对于提高研究质量全关重要。本研究拟就高职院校的发展状况和职责功能、高职院校校长胜任特征的初步结果与人们的常规认识是否吻合、高职院校校长胜任力模型建构与验证等问题，咨询了高职院校人员、教育行政部门领导和有关方面的专家。

（三）调查研究法

调查研究法是一种采用问卷、访谈、观察和测量等方式收集资料，从而了解实际状况并作出判断的研究方法。调查研究法通常比较容易实施，而且难度相对较低，收集数据的准确性也较高。根据艾尔·巴比对重要刊物《美国社会科学评论》（American Sociology Review）中近年来发表的论文的考察，调查法是社会科学研究领域里最常用的研究方法。[1] 本研究除了前面的行为事件访谈法（实质上也是一种调查研究）之外，还运用问卷调查的方法，对建构的高职院校校长胜任力模型进行验证。共计向江苏及浙江境内的 165 所高职院校（其中五年制高职 40 所）的校长发放了调查问卷，回收有效问卷 93 份，占总

---

[1] 张红霞. 教育科学研究方法 [M]. 北京：教育科学出版社，2009：229.

问卷的 56.36%。用 SPSS17.0 统计软件对回收的问卷进行了处理。

第五节　本书架构与研究创新

一、本书架构

本书共有六章，按照内容维度可以大致分为五个部分。

第一章导论部分。主要阐述研究的缘起、目的与意义，分析前期相关研究的进展及成果，客观剖析以往研究存在的局限与不足，在此基础上提出本研究所要解决的研究问题和方法思路。

第二章是理论探索部分。主要研究什么是胜任力、高职院校校长胜任力的概念内涵是什么，为后续研究提供理论支撑和前提基础。

第三章和第四章是实证研究部分。选择样本区域高职院校校长为具体研究对象，通过行为事件访谈法收集数据资料，运用规范化的研究方法和程序尝试建构高职院校校长胜任力模型，并考察研究的信度和效度，对模型进行验证，为后续的应用研究奠定基础。

第五章是应用研究部分。就是运用前面各章的研究结果和理论，解决高职院校校长管理的实践问题，尝试基于胜任力理论的高职院校校长选任程序和方法设计，辨识选任过程中的关键点并注意把握，使校长管理更加科学。

第六章是对前面各章的总结和思考，即总结本研究的经验，分析存在的不足，展望今后的研究设想。

二、研究创新

本研究可能的贡献和创新是：分析界定高职院校校长胜任力概念内涵，尝试建构样本区域高职院校校长胜任力模型，在此基础上设计并提出基于胜任力的高职院校校长选任的程序、方法和要点。

高职院校校长胜任力的概念内涵

第一节　胜任力是什么

要准确界定高职院校校长的胜任力，首先需要了解"胜任力是什么"，也就是对胜任力进行概念界定。著名语言学家谢弗勒在《教育的语言》中，曾将社会科学的概念界定分为三类：规定性定义（the stipulative）、描述性定义（the descriptive）和纲领性定义（the programmatic）。规定性定义是一种创制性定义，就是作者所下的定义，要求这个被界说的术语在后面的讨论中始终表示这种规定的定义，也就是逻辑性不违反同一律。描述性定义是尽可能地包括所要讲述的内容的全部。而纲领性定义则带有一种应然的取向。在纲领性定义中，作者会隐含告诉我们，事物应该怎样。纲领性定义包含是（is）和应当（ought）两种成分，是描述性定义和规定性定义的混合。❶ 按照谢弗勒概念规则，本研究对胜任力的界定既是规定性的，也是纲领性的，是应然与实然的有机结合。借鉴马克斯·韦伯（Max Weber）在其名著《新教伦理与资本主义精神》中界定"资本主义精神"概念的逻辑路径，即"我们如何理解给出资本主义精神的最佳定义的问题，只有在我们讨论的过程之中，只有作为这一过程

---

❶ 索尔蒂斯. 教育的定义 [J]. 沈剑平，等，译. 瞿葆奎. 教育学文集·教育与教育学 [C]. 北京：人民教育出版社，1993：31 - 37. 转引自：张天雪，校长权力论——政府、公民社会和学校层面的研究 [M]. 教育科学出版社，2008：45.

的主要结果才能得到解答"。❶ 同样，对胜任力的定义，只有在追索胜任力的起源与发展的过程中，在探讨这一概念发挥特定作用的实际情境中才有可能实现。

一、胜任力概念的缘起与发展

胜任力（competency）是个"舶来品"，来源于拉丁语"competere"，意为适当（suitable）。❷ 早在罗马时代，人们就曾通过构建胜任剖面图（competency profiling）的形式来尝试详细说明"一名好的罗马战士"的属性。在领导学的有关文献中，则更是从很早就开始论述一名优秀的领导人应具备哪些方面的品质。不过，直到19世纪末20世纪初，人们才开始采用科学的方法来研究胜任特征。❸ 19世纪末和20世纪早期，Galton and Cattell 开了客观测量人的能力和特征之先河。这些早期的研究致力于探讨测量智力的手段，尤其是识别智力活动中潜在的、具体感官或心理活动能力。❹ 20世纪初"管理科学之父"泰勒的"时间—动作分析"（time and motion study）被认为是最早的基于胜任力的人力资源管理方法的思想。泰勒主张管理层通过动作和时间分析研究员工之间业绩差异的原因，确认"什么"是形成工人的胜任力，并将它们标准化，然后根据这些标准对工人进行系统培训，进而实现提高工人操作技能和组织绩效的目的。❺ 到了20世纪50年代，将胜任力运用到个体差异心理学的研究活动迅速扩展到其他领域，如生理、智力、动机、个性等。❻ 20世纪70年代初，美国国务院感到以传统的智力因素为基础选拔外交官的效果不太理想，许多看似优秀的人才在实际工作表现中往往差强人意，并且选拔的结果导致离职率较高，于是哈佛大学教授 McClelland 应邀帮助其设计一种更为有效的甄选方法。1973年，McClelland 在其发表的学术论文《测量胜任力而非智力》中正式提出了"胜任力"的概念。他认为，胜任力是指那些与工作或工作绩效直接相关的能力、特征或者动机等，能够较好地预测实际工作绩效。❼ 1982年，Mc-

---

❶ ［德］马克斯·韦伯. 新教伦理与资本主义精神［M］. 斯蒂芬·卡尔伯格，英译，苏国勋，等，中译，北京：社会科学文献出版社，2010：25.

❷ 王强. 教师胜任力发展模式论［M］. 上海：华东师范大学出版社，2011：2.

❸ 时勘. 基于胜任特征模型的人力资源开发［J］. 心理科学进展，2006，14（4）：586.

❹ 仲理峰，时勘. 胜任特征研究的新进展［J］. 南开管理评论. 2003（2）：4.

❺ 林立杰. 高校教师胜任力研究与应用［M］. 北京：中国物资出版社，2010：8.

❻ Jeffery S. Shipman. The Practice of Competency Modeling. Personal Psychology，2000，53：707.

❼ 胡蓓，张文辉. 职业胜任力测评［M］. 武汉：华中科技大学出版社，2012：4.

Clelland 和 Boyatzis 出版了《胜任的经理：一个高效的绩效模型》一书。自此，胜任力开始在美国、英国、加拿大、日本等发达国家企业人力资源管理中广泛使用。❶ 目前，在企业与组织管理工作中，有关胜任力理论和模型的使用越来越多，并已经从当初识别培训需求的一个辅助工具，慢慢发展成为一个目标明确的开发性活动。❷

随着胜任力理论研究的不断深入以及实践中的运用不断发展，对于"胜任力"概念的理解也随之拓展，出现了两种不同的表达：competence 和 competency。前者（competence）主要被用来说明组织的特点、工作的特性，与职业资格、国家标准、管理章程议案联系在一起，指的是人们应该能够做的事情，而不是他们做事情时是如何表现的。❸ 它强调的是个体绩效的外显行为。认为胜任特征是"保证一个人胜任工作的、外显行为的维度（Dimension）"，比如，"努力取得结果"、"深刻理解"和"对他人的观点敏感"等。Fletcher 指出：维度（Dimensions）是指一类行为（A Cluster of Behaviours），这些行为是具体的、可以观察到的、能证实的，并能可靠地和合乎逻辑地归为一类，比如"敏感"、"主动"、"分析"等。❹

而后者（Competency）则经常是从个体的层面上进行解释，指与优异绩效有因果关系的行为维度（The Dimensions of Behavior）或行为特征（Behavioral Competencies），是人们履行工作职责时的行为表现，具体包括：知道需要做什么（如批判性推理、战略能力、企业经营知识）、将工作完成（如成就驱动、自信、控制、适应、关注效果）、让他人与你一起工作（如激励、人际技能、关注产出、说服、影响）等。❺ 它是一个综合性指标，包括个体潜在的、较为持久的行为特征（Behavioral Characteristics）。这些特征可以是认知的、意志的、态度的、情感的、动力的或倾向性的等。同时还包括这些特征和做出的行为。可以分为五个种类或层次：动机（个体想要的东西）、特质（个体的生理特征和对情景或信息的一致的反应）、自我概念（个体的态度、价值观或自我

❶　徐建平　教师胜任力模型与测评研究［D］．北京师范大学博士论文，2004：5.

❷　Matthewman Jim. Trends and Developments in the use of Competency Frameworks, Competency: the journal of performance through people, 1996 (1): 2–11.

❸　Michael Armstrong, Angela Baron. Performance Management, London: The Cromwell Press, 1998: 296.

❹　Richard S . Williams. Performance Management, London: International Thomson Business Press, 1998: 100–119.

❺　competence 与 competency 的区别［EB/OL］．http: //enjoy – life. blog. sohu. com/146631674. html, 2013 – 10 – 9.

形象)、知识（个体所拥有的特定领域的信息、发现信息的能力、是否能用知识指导自己的行为）和技能（完成特定生理或心理任务的能力）。其中，知识和技能胜任特征是可以看见的、相对较为表层的个人特征，而自我概念、特质和动机胜任特征则是个体较为隐蔽、深层和中心的部分❶。

由此可知，competence 倾向于从应然的角度阐述符合特定岗位或组织所需具备的条件或要求，重点强调人们应该做的事情；而 competency 则倾向于从个体实然的层面表征其履行工作职责时的行为特点，注重的是人们实际做了什么。两者尽管内涵不一、表述不同，但是从"人—职匹配"理论视域，两者又能达到和谐统一：尽管个体差异是普遍存在的，每一个个体都有自己的个性特征，而每一种职业（或组织）对从业者的知识、技能、心理素质等因素也有不同的要求，但是两者如果匹配良好，则工作效率和职业成功的可能性就大为提高。

二、国内外研究者对胜任力的界定

对胜任力概念的探讨伴随着对胜任力本身的研究而不断深入，从麦克利兰提出胜任力的概念伊始，众多的研究者和实践者从不同视角、不同维度提出对胜任力的见解，但迄今为止仍未形成一致意见。❷ 正如 Zemke R. 所说"胜任力是个难以下定义的术语"。❸ 从早期的 Guglielmino（1979）、Malagan（1980）、Klemp（1980）和 Boyatzis（1982），到后期的 Mirabile（1997）、Mirabile Richard（2000）、Helley（2001）、Frank L. Landy（2004）、Andrew J. Elliot（2005）和 Richard A. Swanson 和 Elwood F. Holton（2009）等学者，都纷纷提出了自己对这一问题的观点和看法。如 Boyatzis 把胜任力界定为一个人具有的内在的、稳定的特性，包括动机、特质、技能、自我形象或社会角色，以及其所能够运用的某项具体知识。❹ Parry S. B. 认为胜任力是"影响个人工作的最主要因素，是一个包含知识、态度及技能等相关因素的集合，可由一个

---

❶ Anntoinette D. Lucia, Richard Lepsinger. The Art and Science of Competency Models. San Francisco: Jossey - Bassy, 1999: 5.

❷ Serpell A., Ferrada X.. A Competency - based Model for construction supervisors in developing countries. Personnel Review, 2007, 36 (4): 585.

❸ Zemke R. Job competencies: Can they help you design better training? Training, 1982 (19): 28 - 31.

❹ Boyatzis R. The Competent Manager: A Model for Effective Performance. New York: John Wiley & Sons, 1982: 5.

标准加以衡量，与绩效密切相关"。❶ Van Scotter 和 Motowidlo 又将绩效区分为人际促进和工作奉献两个子维度。❷ Mirabile 认为胜任力是与在工作中的突出表现相关的知识、技能、能力等一些特征。❸ 持类似观点还有 Fleishman E. A.、Wetrogan L. I.、Uhlman C. E.、Marshall Miles J. C. 等人，他们认为胜任力是一个人知识、技能、能力、动机、信念、价值观和兴趣的综合体。❹ 而 Tom Defloor 的观点尽管和上述学者比较一致，但是他提出胜任力是有限定条件的，即"胜任力是某特定实践情境下的知识、技能、态度和价值观等能力的整合"。❺ William J. Rothwell 则认为，胜任力最好被理解为成功者的潜在特性，它包含知识、技能、特质、能力、态度或信念。简言之，胜任力是可以是将一个高绩效者与一般或低绩效者区分开来的任何东西。❻ Mansfield 理解的胜任力是"精确技巧与特性行为的描述"，但他同时指出"员工可以通过进修等途径得以提升"，❼ 这就为胜任力的发展和利用提供了可能，从而使胜任力能够通过和别人进行思想、想法和观念的交流来加深对职位的认识、通过技能的训练和技术的学习等途径得到提升。不仅如此，在人力资源管理者看来，"胜任力在行政层面的作用变得越来越重要"，❽ 如学者 B. A. Hogg 就认为胜任力是"能使管理人员证明其技巧与能力的特性，它通常体现于一定的职业领域"。当然，胜任力也体现了"将技能从一个领域迁移到另一领域的能力"。而"协调一致的调控能力、面对新环境的学习能力等是提升领导技能和管理能力的基础"。❾

在上述对胜任力的不同界定中，不难发现有两个共同的指向。其一，不管

❶ Parry S. B. Just what is a competency and Why should you care? . Training, 1998 (6): 58 – 64.

❷ Van Scotter J. R., Motowidlo S. J. Interpersonal Facilitation and Job Dedication as Separate Facets of Contextual Performance. Journal of Applied Psychology, 1996, 81 (5): 525 – 531.

❸ Mirabile R. J. Everyting you wanted to know about competency modeling. Training and Development, 1997: 73 – 77.

❹ Fleishman E. A., Wetrogan L. I., Uhlman C. E., Marshall Miles J. C., Development of prototype occupational information network content model. Utah: Utah Department of Employment Security, 1995 (1): 39.

❺ Tom Defloor. The clinical nursing competences and their complexity in belgian general hospitals . Journal of Advanced Nursing, 2006, 56 (6): 669 – 678.

❻ William J. Rothwell, Beyond Training and Development. New York: AMACOM, 1996: 38.

❼ Mansfield R. S. Building Competency Models: Approaches for HR Professionals. Human Resource Manage, 1996, 35 (1): 7 – 18.

❽ Prahalad C. K., Gary Hamel. The Core Competencies of the Corporation. Harvard Business Review, 1990 (5): 79 – 91.

❾ Jon P. Briscoe, Douglas T. Hall. Grooming and Picking Leaders Using Competency Frameworks: Do They Work? An Alternative Approach and New Guidelines for Practice. Human Resource Management Review, 2013 (1): 294.

是面向普通员工也好，还是针对管理者而言，胜任力都是指向具体的人或群体，正如 kendall 和 Rollins 所说："不管技术怎样发展进步，'人'一直是，并且会永远是一个组织或系统的核心。"❶ 其二，胜任力是与环境密切关联的，换言之，如果"脱离具体的语境，胜任力就无法来准确的定义"。❷

如果将学者们的定义按照学科流派进行归类，大致分为三大派系：❸ 第一是心理学派。代表人物是 McClelland 和 Boyatzis。该学派提出的胜任力是与出众的工作绩效因果相关的一系列知识、动机、社会角色、自我形象和技能的集合；第二是教育学派。该学派是在基于职位功能分析基础上的知识、教育技能、态度和动机等方面的特性，并用相关标准来评价其绩效；第三是管理学派。该学派定义胜任力为团体共同知识、效率、能力、成功的状态或品质。❹

如果对胜任力的已有定义从总览性、综合性视角进行审视，则 Guglielmino 是典型的代表："胜任力包括三个方面，一是概念胜任力（包括决策能力、为组织利益寻找机会与创新的能力、分析经济与竞争环境的能力以及如企业家一般的思考能力等），二是人际胜任力（包括沟通、领导、谈判、分析及自我成长的态度等），三是技能胜任力（包括计划个人事业、掌管自我时间的能力等）"，正如 Helley 指出的那样，胜任力"通常被定义为一种特性，这种特性能够使一个人以富有成效的方式完成他/她的工作，而且，这种特性能够依据一个可接受的绩效标准进行测量。它包含知识、技能、能力、特质、态度、动机和行为等多个方面"，"如从动作技能到人格特征，从安全分离细胞的能力到成功地回应调查报告者提出的问题的能力等"。❺

由上可见，尽管众多的学者从不同的视角对胜任力的概念采用了不同的方法定义，但不难发现其共性特征有以下几点：一是胜任力是成功者的特质，由此也可将高绩效者与普通者区分开来；二是胜任力涉及个体的知识、技能、动机、自我意识、态度、信念等方面；三是胜任力总是与特定的职业与岗位或组织相联系，是个体在履行其相应职责时展现出来的行为特征。

另外，Parry、Mansfield 及 Frank 等学者都认为胜任力可以在学习和培训中

❶ Mark Gould, Rick Freeman. The Art of Project Management—A Competency Model For Project Managers [EB/OL]. http://doc. mbalib. com/view/1e3bbd7c44967449caac3746d3765362. html, 2013 – 11 – 28.

❷ Zemke R. Job competencies：Can they help you design better training? Training, 1982 (19)：28 – 31.

❸ Markus L. H., Thomas H. D. C., Allpress K. N. Confounded by Competencies? An Evaluation of the Evolution and Use of Competency Models. New Zealand Journal of Psychology, 2005, 34 (2)：56 – 57.

❹ Elliot A. J., Dweck C. S. Handbook of Competence and Motivation. New York：Guilford Press, 2005：2.

❺ 徐建平. 教师胜任力模型与测评研究 [D]. 北京师范大学博士论文, 2004：6.

得到提高。而从定义的演变看，早期的定义者倾向于认为胜任力是个体外显和潜在的特质，可以测量并能预测个体在具体岗位上能否表现突出。而后期的研究者发现，由于知识和技能之外的自我意识、态度、信念等方面具有内隐性和稳定性，且不易改变，观察和测量起来也比较困难。因而不少研究者采用了行为主义者的立场和方法来研究胜任力，即主要从外显行为的角度来定义胜任力，认为胜任力就是在职业活动中表现出的适当的行为，如果这些行为的采用能取得明显的工作成效，那么就认可其是胜任力中的关键要素特征。正如Richard所定义的"胜任力是在特定领域展示出的行为，表现为个体能在行动中以较低程度的投入获得较大的收益"。通过这样的变通和改进而定义的胜任力在使问题变得简化的同时，也回避不了这种做法的技术性倾向。因为对一些职业和岗位而言，如果忽略了其社会维度而仅从行为上是无法区分当事者能否胜任的。比如对于一些复杂环境下的复杂岗位，当事者虽然付出了很多的努力采取积极行动，而结果可能不一定就有效显著。按照行为主义理路去解释，后者采取的积极行为表现很难纳入胜任力要素的范畴，显然这是有违一般认识和客观现实的。出现上述倾向的主要原因，可能很大程度上是没有注重环境作用使然。对一个技术人员而言，可能对规范动作的掌握越熟练就意味着胜任力越好，我们可由其外显行为判定其是否胜任工作，也可由程序化的训练提高这种能力。但对一个高层管理者而言，仅观察其外显的行为是明显不可行的，这就是行为主义固有的缺陷。而认知主义正是以反叛行为主义的角色登场的，在认知主义者眼中，刺激（S）与反应（R）的联系并不是直接的、机械的，而是受意识支配的，意识为不可或缺的中介环节。学习并不在于形成刺激与反应的联结，而在依靠主观的构造作用，并形成"认知结构"，主体在学习中不是机械地接受刺激，被动地作出反应，而是主动地有选择地获取刺激并进行加工。同样，个体的行为是内部因素和外部因素综合作用的结果，不能忽视环境的存在。在对胜任力的研究中，认知主义承认内部心理过程和外部实然条件的重要性，并将胜任力视为一种内部心理结构与外部环境统整与沟通的结果反映，因而结果更具解释力。

众所周知，人类社会的发展史是一个社会分工不断细化的过程史。处于不同岗位的人由于担负的职责不同，因而对其知识、技能、个性、态度都有不同的要求。西方智者柏拉图在其名著《理想国》中曾经将人分为三类，即统治者（黄金造）、兵士（白银造）和技工（铁和铜造）。只要三种人各安其命，各就其位，在一个"哲学王"统治下的国家就是一个正义的"理想国"。柏拉图的阶段宿命论的划分尽管具有时代的局限性，但也可以看做是关于人的能力和素质与其岗位匹配性的最早论述。在我国，孔子则在《礼记·礼运》中描绘了一幅"大同社会"的善政图景，"大道之行也，天下为公。选贤与能，讲信修睦"。即需要将有贤德、有才能的人选出来为大家办事，才能实现"是故谋闭而不兴，盗窃乱贼而不作，故外户而不闭"的大同社会的理想，这或许也可看做中国最早的关于人才选任标准和机制的理性阐述。人类社会进入到工业文明的中后期后，人力资源越来越成为企业（或组织）最重要的资源，企业和组织为了找到与岗位相适应的人以实现效益最大化，在选择人员时更加注重测评，这种测评是以心理学、管理学、测量学、系统论和计算机技术等多门学科为基础而形成的专门技术，经过一段时期的发展和演化，已经在西方发达国家形成了一套较为完整的对应聘人员进行测量和评价的选才方法体系。显然，与古代哲学家的设想相比，这套体系设计更加精密，在实践中也体现出了一定的信度和效度。可以说，对胜任力的研究也是这样一种思路的延续，即对特定的岗位而言，其达到称职或卓越的能力要求是可以以"常模"加以测量的。而对于重要的领导职位，由于其对组织发展有时具有全局性的影响，更需要用更科学的办法来选拔合适的人才，从这个角度而言，胜任力概念的提出及其理论的不断发展正是对这种新要求的能动回应。

胜任力理论从国外引入中国以后，更多的是借鉴胜任力理论并运用到管理和教育等领域实践，对胜任力概念的专门研究基本付之阙如，少数研究者对胜任力进行的定义基本也是缺乏详细论证的主观创制性定义。有些研究者出于建构特定群体胜任力模型研究与实践的需要，对这些群体或职业岗位胜任力进行了界定，按照教育领域群体或职业类别分类，主要涉及教师胜任力（包括高校教师、中小学教师和高职院校教师）、学校领导者胜任力（包括小学校长、中学校长和普通高校领导），见表 2-1。

表 2-1　国内学者关于胜任力的主要定义

研究者	群体或职业胜任力名称	定义
徐建平、张厚粲（2006）	中小学教师胜任力	包括教师能力、知识、自我意识、动机以及人格特点等，在学校教育教学中它能将绩效优秀的教师与一般教师区分开来
吴树雄（2009）	高校教师胜任力	高校教师个体所具备的、与实施成功教育教学科研服务等有关的一种专业知识、专业技能和专业价值观

续表

研究者	群体或职业胜任力名称	定义
方向阳（2011）	高职专业教师胜任力	高职专业教师胜任力是一种岗位胜任力，是指适应高职教师教育教学这一特定岗位而必须具备的专业知识、职业技能和特质的总和，主要考察高职院校的专业教师能否表现出卓越的胜任力胜任其工作
刘维良、赵亚男、钟祖荣（2007）	中学校长胜任力	是指在学校管理中，能将高绩效、表现优秀的校长与一般校长区分开来的个体潜在的特征，主要包括知识、技能、社会角色、自我概念、动机以及相关的人格特质
刘国胜、曾珍香（2009）	中小学校长胜任力	中小学校长胜任力指在中小学教育教学工作中，能将高绩效表现优秀的校长与一般普通校长区分开来的个体潜在的特征，主要包括能力、自我认识、动机以及相关的人格特点等个人特性
魏士强、洪银兴领衔的课题组（2010）	高校领导者胜任力	在行为事件访谈法中所提取的、能够区分高校领导者中表现优秀与表现一般的个人特征。它可以是动机、特质、自我形象、态度或价值观、某领域知识、认知或行为技能等

上述定义尽管表征方式不一、内涵特点不同，但综合来看，具有以下三个共性特征：一是其与工作绩效或工作成果相关联。也就是说，一方面，不产生实际工作绩效的不能称作胜任力；另一方面，不同的胜任力通常产生不同的绩效（结果）；二是其具有可测性。即可以依据一个特定的标准进行测量，并由此能够区分不同业绩者；三是其涵盖的范围比较广泛，从外显的知识、技能，到内隐的态度、动机等。这些定义特征与西方学者应该是比较一致的。

三、词典的界定和释义

词典是为语词提供音韵、意思解释、例句、用法等的工具书，其历史源远流长。通常情况下，词典对汉字和词语的解释具有一定的说服力和权威性。由于字词典发展至今种类非常繁多，考虑到便利以及适用性，笔者选择其中比较公认权威的词典中的释义。《简明牛津现代英语词典》（The Concise Oxford Dictionary of Current English）定义 competency 和 competence 为"能力"和"技能"。如：ability（to do，for a task）（完成任务的能力）；sufficiency of means for living（为生计的多样技能）；legal capacity，right to take cognizance（of court, magistrate, etc.）（在法庭、法官面前的合法申辩的能力和权利）。两者取同样的意思。《英汉大辞典》（第二版）中对 competence 的释义是"能力，胜任，称职"，如"competence for a task（对工作的胜任）"、"Her competence is beyond doubt（她无疑是称职的）"等。而对于 competency，则取与 competence 同义。❶《朗文当代英语大辞典》中 competence 与 competency 同义，都取"能力"、"技能"之意。❷ 由此可见，词典对这两个词（competence 和 competency）的定义基本相同，它们都属于名词，都取"能力"、"技能"和"胜任"之意，并且大部分情况下它们可以交互使用。

实际上，胜任力概念的提出者麦克莱兰在 1973 年发表的《测量胜任力而非智力》一文中就是将两者混合使用的。在该文题目"Testing for competence rather than for 'intelligence'"❸（测量胜任力而非智力）中，他用的是"competence"，而在随后的文中阐述到"Some of these competencies may be rather traditional cognitive ones involving reading, writing, and calculating skills. Others should involve what traditionally have been called personality variables, although they might better be considered competencies"❹（一些能力也许在一定程度上是指传统的对阅读、拼写和计算技能的掌握，另外一些能力应包括被传统称之为个性的因素，虽然它们如果被认为是胜任力更为合适）时，用的则是"competency"，由此可见，在麦氏的眼中，两者是同义的，这和词典的解释是一致的。

四、分析与讨论

中外学者对胜任力概念定义的多样性本身就表明了其是一个内涵十分丰富的概念，同时也是一个比较复杂的概念、一个动态发展的概念。那么哪一个才是最恰当的定义呢？宋代哲学名著《知言》曾有"水有源，故其流不穷；木有根，故其生不穷"的记述，意思是说办事要开源固本，才能求得不断发展；看问题要追根溯源，才能抓住本质。让我们不妨追寻"胜任力"历史发展的印迹。

---

❶ 陆谷孙. 英汉大辞典 [M]. 上海：上海译文出版社，2007（第 1 版）：375.

❷ 商务印书馆. 朗文当代英语大辞典 [M]. 北京：商务印书馆，2004：346.

❸ David C. McClelland. Testing for competence rather than for 'intelligence'. American Psychologist January, 1973：1.

❹ David C. McClelland. Testing for competence rather than for 'intelligence'. American Psychologist January, 1973：10.

回顾历史不难发现，引发麦克利兰提出测量"胜任力"而非测量"智力"的初衷源自其认为传统的智力和才能测验（intelligence and aptitude tests）一统天下的局面是有悖客观事实的现状，"这种测验把某些年轻人标记为合格者，把另一些年轻人标记为不够合格者，所以它对他们的一生有着决定性的作用"，❶ 但事实上智力测验本身并不是人们通常认为的那么有效，"尽管在校学习成绩与以后生活中工作成功程度有关系，但是关系并不密切。换句话说，高中或大学毕业生在因其成绩优秀而获得的证书使得他们能得到较高等级的工作；而在高中或大学成绩较差的学生毕业后在工作中也能干得和优等生一样出色"。❷ 另一方面，更为关键的是，至今没有确凿的证据表明智力测验测量出了人们获得工作上的成功所需要的能力。有人通过认真研究后指出，"智力测验成绩与警察工作好坏之间并没有固定的、明显的关系"，❸ "为了更生动地说明这点，设想你是波士顿的罗格思柏利区的少数民族居住区居民。为了证明具备作为警察的资格，你不得不参加一次长达三小时的普通智力测验，在这种测验中你应该知道像'镇压'、'放火狂的'、'词典'这类单词的意思。假如你不能用它们进行类似比赛游戏，你便不具有当警察的资格，而只能得到看门人这类工作，因为马萨诸塞民事委员会（Massachusetts Civil Service Commision）对这类工作不要求'智力'测验。❹ 诵过这样的测试得出的结果表明，由于被测试者没有掌握诸如上述单词的含义而就被认为智力低下，显然是有点牵强的。当一名合格警察所需要具备的知识、敏捷度和公正心等特质在这样的测试中是体现不出来的。简而言之，这样的测验实际上是无效的，无论对个人来讲还是对社会来说都是无益的。那么什么才是更需要、更应该测验的呢？基于此，麦克利兰正式提出了要用测量"胜任力"来代替传统的测量"智力"。

那么与传统的所谓"智力"相比，什么才是需要测量的"胜任力"呢？或者换句话说，"胜任力"包括哪些要素呢？麦克利兰对这个问题尽管没有明确解答，但是从其充满激情与理性的思考中我们还是不难发现其端倪，"如果测验能够评测出个人在生活实际中比较普遍运用又行之有效的能力，不仅包括对职业能力的测验，更包括对社交能力的测验，如领导能力、人际沟通能力等等，那就更加理想了。""这些能力或许并不是全指传统的对阅读、拼写和计

---

❶ ［美］David C. McClelland. 测量胜任力而非智力［J］. 乐国安，译. 外国心理学，1984（1）：31.
❷ ［美］David C. McClelland. 测量胜任力而非智力［J］. 乐国安，译. 外国心理学，1984（1）：32.
❸ ［美］David C. McClelland. 测量胜任力而非智力［J］. 乐国安，译. 外国心理学，1984（1）：33.
❹ ［美］David C. McClelland. 测量胜任力而非智力［J］. 乐国安，译. 外国心理学，1984（1）：34.

算技能的掌握，还有一部分能力应包括被认为是个性的因素"，这些因素包括交际能力（Communication skills）、忍耐力（Patience）、适度的目标定位能力（Moderate goal setting）、自我发展（Ego development）等。❶ 也就是说，麦氏眼中的"胜任力"具有这样几个特点：与实际生活情境密切关联，既有知识要素，也有能力要素，更有自我认知、目标定位和自我发展等个体特性。

麦克利兰提出胜任力概念的一个大背景是现代工业社会的演进，伴随着这种演进的是企业竞争的加剧，各种岗位所要求的技术技能越发复杂而具体，导致企业中人的因素变得越来越重要。在这种情况下，企业的人力资源管理开始兴起，企业逐步认识到企业最大的资源是人，而不是机器、设备、土地等固定资产。因为提高企业生产率的关键因素是人，当合适的人处于合适的岗位上时，他往往就能将其能力最大限度地发挥出来，为企业（组织）创造价值，也就是人尽其才。那么我们又如何来判断一个人是否适合一个岗位呢？当传统的智力等概念对社会的变化带来的解释力日益窘迫时，迫切需要一个能够说明这种内涵的新概念，麦克利兰提出的胜任力概念正是反映了这样一种企图。从这个角度而言，胜任力概念是社会发展的产物。

其次，沿着心理学家对智力研究的历史纵轴，我们也会发现，虽然智力研究的历史悠久，但其缺陷也是明显的。即智力往往不能有效地预测一个人在社会上的成功。由此催生心理学家们不断深入探究并试图挖掘、发展智力，其内涵也由过去的观察能力、记忆能力、想象能力、思维能力等不断扩展至非智力因素、情绪智力、成功智能，特别是加德纳"多元智能"的提出，使人们对智力的认识眼前一亮的同时也出现了多元化的认识格局。这些智力的"后发"概念，特别是"多元智能"的提出，使人们更加相信个体间的智力差距更多情况只是类型上的，而非等级上的。这也就隐含了：对不同的个体而言，从其智能的特性出发，某人或许会更能适应某种工作岗位。然而在传统的惯式和特定利益的综合裹挟下，智力研究和测试终究没有能很好地将其与特定的岗位适应力联系起来。这就彰显了胜任力概念的价值。我们可以通过测量个体的胜任力来判断个体对某个特定岗位的适应性。对个体而言，这意味着职业成功的概率加大，而对特定的组织而言则其用人的效率也大大增加。将与特定的职业成功相联系的个体特质来取代智力以预测职业的成功是胜任力概念的核心。对胜

---

❶ David C. McClelland. Testing for competence rather than for 'intelligence'. American Psychologist January, 1973: 10.

任力本质的研究有助于我们甄别这些特质到底是什么、我们如何保证合适的人能够适时出现在合适的位置上。总括来说，胜任力研究是对智力研究理路的一种发展，并将人的某些内在特质与特定的职业和岗位或组织相联系，使其对职业成功更具解释力和预测性。在这点上，它比智力概念更有针对性和解释力。

最后，胜任力概念的提出还不能忽略另一个背景，即心理学日益走出实验室而与人类的生产和生活联系起来，特别是与人类的管理活动联系起来。从著名的"霍桑实验"开始，心理学的研究就开始服务于企业的管理活动。这种融合使得心理学的发现能够助益于人类的生产和经营活动，减少运营的投入并能使效益最大化。这种对生产与经营活动中人的心理现象的研究也促进了管理向科学化、人本化迈进。而从另一个角度看，胜任力概念的提出也是心理学与管理学研究相融合的一个结果。这种结合也利于充分发挥出人员的主观能动性，使人尽其才、事得其人、人事相宜，更好地有利于组织目标的实现。

从以上对胜任力概念提出的历史渊源与时代背景的梳理及国内外不同定义的分析中，我们可以发现，由于胜任力是一个心理学、管理学和教育学等学科交叉的研究课题，因此，不同学科背景的研究者从不同视角的定义就不难理解了。从总体上看，笔者认为，对胜任力的定义，如果能够体现出这一概念的核心是如果能够进行测量、能对适应某种职业岗位或组织的个体外显与内在特质进行有效甄别、能与工作效果相联系、且在一定程度上可以经由学习和培训使其能得到发展和提高，则就是一个不错的界定。按照这样的理路，本研究对胜任力的界定是：

胜任力是指可以有效测量的、个体与特定岗位或组织相联系的、能揭示其绩效的特质，包含相应的知识、才能、素养、态度和动机等。这一定义的特点包括以下几点：

第一，可测性。即胜任力不仅可以定性描述，而且也可以有效测量。这种测量与传统的以纸笔测试为主的智力测量不同，而是测量特定个体或群体在真实情境中的行为特征和表现反映，关注的是当事者知道"需要做什么"，强调的是实际"做了什么"，而不是理论上"能够做什么"和"为什么这么做"。

第二，有效性。即对"成功"有效。胜任力包含诸多要素，但并不是当事者所有的知识、才能、素养、态度和动机等要素都是胜任力，只有那些与岗位或组织有关联并且能够产生绩效的要素才是胜任力。

第三，综合性。既包括个体或群体外显的知识和才能，也包括内隐的态度和动机——任何与工作绩效密切相关的、作用于特定个体或群体的、从动作技能到行为表现以及人格特征的统一体。

第四，动态性。一方面，胜任力是因地而异的，也就是其随着特定职业岗位或组织的变化而不同；另一方面，胜任力是因人而异的。不同的个体或群体往往表现为不同的胜任特征；同时，胜任力也是因时而异的。即便同一个职业岗位或组织、个体或群体，不同时期也表现为不同的胜任特征，即胜任力随着环境的变化而产生相应的变化。

第二节　关联概念辨析

涉及个体或群体特性的概念很多，除了前文论及的"智力"之外，与胜任力含义最为相近、关联最为紧密的则要数"领导力"和"能力"这两个语词。

一、胜任力与领导力

领导力（Leadership）的研究迄今已经持续了近百年，对领导力概念的界定也数以百计，以至于有人说，有多少人试图给领导力进行定义，就会有多少个概念。但是这一概念直到 20 世纪 90 年代才引介到国内。在这些众多的定义中，比较典型的有：美国著名学者詹姆斯·库泽斯和巴里·波斯纳认为，所谓"领导力，是领导者如何激励他人自愿地在组织中作出卓越成就的能力"；❶ 美国前国务卿基辛格博士认为，"领导就是要让他领导的人们，从他们现在的地方，带领他们去还没有去过的地方"；管理学权威彼得·德鲁克认为，"领导力就是远景，是将人的远景提升到一个新的高度，将人的绩效提到一个更高的水平，将人的特性发展到超出一般的限度"。❷ 也有的学者认为领导力的实质就是影响力，如保罗·赫塞博士指出，"领导力是一种试图去影响的尝试。包括试图去影响一个人、一个集团或者一个组织机构。领导力即影响力，领导力是对他人产生影响的过程，影响他人做他可能不会做的事情"。

国内有的学者从领导者与被领导者双方的互动关系来考察领导力内涵。王崇梅等认为，"传统的领导力，就是领导才能。最新的观点是指获得追随者的能力"。王修和先生也认为，领导力就是实施科学领导的领导者（领导班子群

---

❶ 李昌明. 领导力与造就优秀企业人才 [J]. 经济论坛, 2005 (6)：75–76.
❷ 高兴国. 领导力概念辨析 [J]. 生产力研究, 2012 (11)：10.

体），运用领导权力影响和非权力影响在实现符合规律的领导实践中，与被领导者共同作用于客观环境并产生相应的物质力量与精神力量的总和。❶

由此可见，尽管领导力定义众多，但不难发现其都有一个共同的指向，即都是为了追求实现组织目标、在领导过程中形成的、体现领导者对自身及其环境认知的结果反映。从这个角度而言，领导力与胜任力既存在一定的联系，也有很大的区别。

（一）胜任力与领导力的联系

1. 内涵的关联性

通常而言，领导力是处于领导职位的人员应该表现出的核心能力，领导力对应的英文单词是 leadership。英文中的 leadership 既指称领导者的必备品质，也包括实施有效领导所必须具备的能力。前者如《朗文当代英语词典》中对 leadership 解释的第二条含义"the qualities necessary in a leader"，后者指称"所具备的能力"时，实际上包含了胜任领导工作之意，显而易见，领导力此时就表现为胜任力的一个重要方面。尤其是在快速发展的全球化时代，正如有学者指出的那样，领导力要具备普通的胜任特征、特殊胜任特征和个人品质。普通的胜任特征是那些容易获得的基础知识和技术；特殊胜任特征则是个人的性格和特质，其受组织文化、目标、环境的影响；个人品质，如诚信和正直，应被当做是影响其他特殊胜任特征的个人核心特点。❷ 这可看作两者内涵有机关联的例证。但领导力不能涵盖胜任力的全部内容。这在一些处于中间位置的管理人员身上体现得特别明显，即他主要职责不是激励追随者实现目标，而是有良好的执行力并贯彻决策层的意图。这是由其岗位所实现的职能分不开的。一般说来，越是高层级的管理者，领导力在其胜任能力上的重要性越突出。

2. 特定情境下的互为因果性

领导力是以领导者对自身及其所处环境认知的结果反映，换言之，对领导者而言，领导者自身的状况和其对环境的认知能力就是决定领导力大小的核心要素，而这一要素正是当事领导者的胜任力，即正是领导者个体的知识、技能、态度和动机等影响并决定了其领导力的发挥。从这个角度而言，领导者胜任力是领导力的条件和原因，领导力是领导者胜任力的结果反映。

---

❶ 张爽. 学校变革中的校长领导力［M］. 北京：教育科学出版社，2010：11.

❷ Brownell J. Meeting the Competency Needs of Global Leaders: A Partnership Approach. Human Resource Management, 2006, 45（3）: 309 - 336.

3. 应用取向的一致性

两者都试图以分析的思维来抽取构成领导力和胜任力的核心要素，并以此提高人员选拔和培养培训的准确性和针对性，实现人力资源的科学管理和优化利用。此外，两者也都均有动态性、发展性。

（二）领导力和胜任力的区别

1. 主体的特定性

一般而言，领导力是特定的人（领导者）为承担其应有的责任（实现组织目标等）而体现出的过程和结果，因而一方面，对非领导者而言，尽管其也存在对他人及周围环境或大或小的影响，但通常不言及其领导力如何；另一方面，不同的领导者，其领导力也会不同。也就是说领导力是以其所依附的主体所决定的，是因人而异的，是动态的。而胜任力是个体或群体满足特定要求的知识、技能、态度和动机等特性反映，其主体既有领导者，也有非领导者。既因人而异，即不同的人往往表现为不同的胜任力，同时也因时因地而异，即不同时期、不同岗位或组织要求有不同的胜任力。

2. 内涵的差异性

领导力主要是作为管理学方面的一个概念，是指领导者为了追求实现组织目标施加的对组织成员的影响力以及领导者对自身及其领导环境认知的结果反映。这种能力往往在领导过程中体现出来，往往不能提前去较好地测试和预测。其核心能力的组成如远见、激情、决策力、谋略、专注、说服力、开放性等，❶ 都具有一定的模糊性和经验性。相比而言，胜任力的研究起先主要由心理学家发起，沿用了智力测量的思路，针对具体职业领域可以用专门设计的工具来测量，并由这种测量来判断个体在特定岗位或组织是否有突出的表现。这使得胜任力在选拔特定人员时更具有可操作性。

二、胜任力与能力

与舶来的"胜任力"（competency）和"领导力"（leadership）不同，"能力"是地地道道的"中国制造"。早在战国末年（公元前239年前后）秦国丞相吕不韦集合门客们共同编撰的《吕氏春秋·适威》中就有这样的记述："民进则欲其赏，退则畏其罪。知其能力之不足也，则以为继矣"。司马迁编撰的

---

❶ William S. Frank. These 10 core competencies comprise good leadership ［EB/OL］. http：//www. bizjournals. com/denver/stories/2005/08/29/smallb3. html？ page = all，2014 - 2 - 19.

《史记·李斯列传》中也有："上幸尽其能力，乃得至今"的语句。《现代汉语词典》解释"能力"是"能胜任某项任务的主观条件"。《辞海》的解释是"成功地完成某种活动所必需的个性心理特征"。与中文"能力"相对应的英文单词有"ability"、"capacity"和"skill"，前者指能力的大小，后者指做事情的技巧。不管哪种释义均表明其总是和人完成一定的活动相联系的，也就是说离开了具体的活动，既不能表现人的能力，也不能发展人的能力。

此外，人们在谈到"能力"时，往往离不开与其密切关联的"知识"概念。一定程度上，"能力"和"知识"就像一对孪生兄弟一样如影随形。一方面，能力是在掌握知识的过程中形成和发展的，离开了知识学习和技能训练，能力就很难发展；另一方面，掌握知识又必须以一定的能力为前提，能力是掌握知识的内在条件和潜在前提。但是，能力和知识还是有区别的。知识是人类经验的总结和概括；能力是一个人相对稳定的个性心理特征，它表现在人们掌握知识和技能的快慢和深浅，也反映人们应用知识和技能解决实际问题的程度和效果。

从上述能力与知识的关系辨析中不难看出，能力与胜任力是紧密联系的。胜任力所包含的知识、技能、自我认知等也是一个人能力的构成要素，从这个角度而言，胜任力和能力是交叉融合的。个体能力大，其胜任岗位或组织的效果也就好，相反，可能就达不到特定要求。另一方面，能力与胜任力也是有区别的。首先，胜任力总是与具体的职位相联系。胜任力包含了很好和高效地完成与此职位相关的事务所关联的知识与技能。因此这里的能力因素只涉及进行专业性活动所要具备的能力。举例说来，一个企业的CEO的胜任力主要是指管理一个企业进行与经营活动相关的能力，但其虽然有良好的绘画能力，但不属于其胜任力的范围。其次，二者涵盖的范围不同。尽管能力也表现为一个人掌握知识和技能的程度以及应用其解决实际问题的效果等个体心理特征，但能力一般不包含个体价值观、态度和动机等内隐的、深层次的个体特征。如果借用胜任力的"冰山模型"，一般而言能力是更多与冰山之上的外显的部分相联系，同时，能力只有与特定的领域联系起来时，所指才能更明确，如语言能力、交际能力、操作能力等，因而一定程度上说能力是在与胜任力交叉融合的同时部分地内含于胜任力的，或者说胜任力是传统能力概念的发展和内涵的深化。最后，主体指向的差异性。能力主要指向人，即不同的人能力可能不一样。胜任力既指向人，同时也可以指向特定岗位或组织，表现为岗位或组织胜任力。

第三节 高职院校校长胜任力

要明晰高职院校校长胜任力的概念内涵，除了对胜任力的理解之外，还需要了解高职院校及其校长。通常认为，高职院校是实施高等职业教育的专门机构，是高等教育机构的一种，是大学在适应环境变化过程中的结果反映。目前在中国主要有两种学制类型的高职，即三年制高职和五年一贯制高职（以下简称五年制高职）。● 因此了解大学的起源与高职院校的发展是认识这一问题的首要前提。

一、高职院校勃然兴起的发展历程

尽管中国古代和西方古希腊、古罗马已有了具有高等教育性质的大学，但学界普遍认为，真正意义的大学发端于欧洲中世纪。❷ 从 11 世纪起，在意大利、法国和英国的一些地方，师生们组成了各自的行会组织，及至 12 世纪相继诞生了具有代表性且影响较大的大学——博洛尼亚大学、萨莱诺大学和巴黎大学等。这些大学"发展出今天流行的许多特点——一个校名和一个中心场所，具有某些自主权的老师，学生，一套讲课系统，一个考试与学位程序，甚至一个具有若干系科的行政管理结构。"❸ 由于大学满足了时人的需要，因而发展较快。13 世纪和 14 世纪，意大利有大学 18 所，法国 16 所，西班牙和葡萄牙共 15 所，❹ 此外，德国等也纷纷创办了大学。由于大学是一个"按照自身规律发展的独立的有机体"，以至于看起来像完全脱离了校外的时事一样，❺ 人们一度将其称之为"象牙塔"。至 18 世纪末，欧洲的大学成为了寡头机构，机械教条且僵硬顽固，对新兴事物抱着敌对情绪，反对革新与创造，"它们就像没有窗户的城堡，极其内向"❻。"如果大学拥有大量的为社会服务的知识，

---

❶ 注释："五年一贯制"又曾被称为"初中起点大专教育"，招收参加中考的初中毕业生，达到录取成绩后，进入高等职业技术学校学习，进行中高等职业教育一贯制的培养。其中前三年实施中等职业教育，后两年实施高等职业教育，学业期满颁发国家教育部统一印制的《普通高等学校毕业证书》，此学历为国家承认的全日制大专学历。

❷ 张笑夷. 文化视野下的大学与现代大学文化观 [J]. 黑龙江高教研究, 2007（2）：13.

❸ ［美］克拉克·克尔. 大学之用 [M]. 北京：北京大学出版社, 2008：6.

❹ 戴本博. 外国教育史（上）[M]. 北京：人民教育出版社, 1989：230.

❺ ［美］约翰·S·布鲁贝克. 高等教育哲学 [J]. 王承绪, 等, 译. 杭州：浙江教育出版社, 2002（第 3 版）：16.

❻ ［美］克拉克·克尔. 大学之用 [M]. 高铦, 高戈, 汐汐, 译. 北京：北京大学出版社, 2008：6.

但是缺乏把这些知识用于实践的决心和责任感，那么公众就会认为大学是无用的、失去了存在的根据"。❶ 正当大学饱受质疑之时，大学却在德国获得了重生。柏林大学的建立"使旧瓶装入了新酒，旧瓶也因此破裂"，❷ 从此大学成为了科学栖身的重镇。19 世纪的德国大学也随之成为世界上最好的大学，并被竞相效仿，其中美国尤为积极。随着留学德国的学生纷纷回国，通过约翰斯·霍普金斯大学率先开办研究生院，以及芝加哥大学在行政管理上的创新等诸方面的不断改进，使得现代大学模式得以在美国真正确立，❸ 尤其是与霍普金斯试验同时出现的赠地运动，带来了农业与工程学院、家政学院与企业管理学院，使大学的大门既面向中产阶级和上层阶级子女，也面向农民和工人子女，❹ 并把大学的活动第一次从校内扩展到校外，"威斯康辛理念"广为传播并被广泛认同。无论前景如何，我们必须承认这一事实，即美国人正在成功地使大学区别于到目前为止所存在的任何机构。❺

在上述高等教育的历史发展过程中，如果说德国开创了研究型大学先河的话，那么当今高等教育强国美国则率先启动了高等职业教育发展的引擎。依据1862 年美国颁布的《莫雷尔法案》建立的赠地学院（Land – Grant College）一方面大大促进了美国高等教育的发展进程，同时"形成并推动了一种新的教育形式——高等职业教育的发展"。❻ 与传统的大学不同，从教育内容来看，赠地学院主要侧重于农业、机械等实用学科的教育，后期并逐步扩展到艺术、科学、教育、工程、矿业和林业等学科；从人才培养目标来看，赠地学院注重学习者的能力培养，强调在实践中的操作应用水平的提升，而不单单是知识的学习和研究的训练；从教学方式来看，赠地学院鼓励面向生产实际的体验与训练，"普遍设有示范农场、示范车间，后来又建立农业和工程实验站，师生亲自动手实验，走出学校去观察自然，去考察工业、社会制度及公共机构，自己

❶ ［美］约翰·S·布鲁贝克.S.J. 高等教育哲学［M］. 郑继伟，等，译. 杭州：浙江教育出版社，2001：30. 转引自陈兴德. 守望与超越：中国大学文化建设反思［J］. 现代大学教育，2010（2）：51.
❷ ［美］亚伯拉罕·弗莱克斯纳. 现代大学论——美英德大学研究［M］. 徐辉，陈晓菲，译. 杭州：浙江教育出版社，2001：272.
❸ 蓝劲松. 中西大学起源线索考［A］. 大学文化研究与发展中心. 世界多元文化激荡交融中的大学文化——"海峡两岸大学文化高层论坛"论文集［C］. 北京：高等教育出版社，2008：146.
❹ ［美］克拉克·克尔. 大学之用［M］. 高铦，高戈，汐汐，译. 北京：北京大学出版社，2008：9.
❺ ［美］约翰·S·布鲁贝克. 高等教育哲学［M］. 王承绪，等，译. 杭州：浙江教育出版社，2002 年（第 3 版）：29.
❻ 刘卷. 赠地学院运动与美国高等职业教育发展及其启示［J］. 浙江纺织服装职业技术学院学报，2005（6）：41.

动手设计并操作机器", ❶ 及至 1902 年，美国伊利诺斯州成立了第一所独立的公立初级学院——乔利埃特学院。在创立之初，初级学院具有双重任务，除转学性课程计划外，还开设各种实用技术课程，以便"满足当地社区农业发展对半专业技术人才和半专业熟练劳动者的需要", ❷ 为了实现这一目标，初级学院发展和完善了职业教育的许多方法："如与当地雇主建立合作，由当地商人组成的咨询委员会对职业教育课程提供反馈，主修职业课程的学生在接受指导和管理的情况下所获得的工作经验计入学分，等等"。❸ 而这些正是高等职业教育区别于传统的普通高等教育的显著特征。

需要指出的是，在世界高等职业教育发展史上另一个不得不提的就是德国的"双元制"高等职业教育。"双元制"意指学习者"既在企业里接受职业技能和相应知识的培训，又在职业学校里接受职业专业理论和普通文化知识教育"。❹ 这是一种将企业与学校、理论知识学习与实践技能训练紧密结合起来，以培养专业技术人才的培养模式。"双元制"人才培养模式最早起源于古希腊、古罗马时期的学徒制，20 世纪 20 年代德国全国学校大会将"进修学校改名为'职业学校'，成为'双元制'职业学校的雏形", ❺ 1964 年联邦德国教育委员会在《对历史和现今的职业培训和职业学校教育的鉴定》中第一次使用"双元制"这一术语，正式将存在已久的企业与职业学校合作的职业培训形式用概括简明的语言加以表达。1969 年 8 月 14 日，德国颁布了《职业教育法》，职业教育的"双元制"完成了制度化过程，这普遍被认为是"双元制"正式确立的开始。但这时的职业教育普遍属于中等教育，"双元制"由中等职业教育扩展到高等职业教育还是之后的事。1974 年，德国职业学院在巴登·符腾堡州创立，被认为是企业与政府在高等教育领域内合作的一个创举，❻ 同时也是"双元制"高等职业教育的发端。

中国最早的高职院校为 1866 年在福建省福州开办的马尾船政学堂，❼ 但直到 20 世纪 80 年代才真正迎来现代高等职业教育发展的春天，1980 年以江苏南

---

❶ 刘卷. 赠地学院运动与美国高等职业教育发展及其启示 [J]. 浙江纺织服装职业技术学院学报，2005（6）：41.

❷ 张晓莉. 美国社区学院职业教育的历史演变 [J]. 职业技术教育，2007（10）：89.

❸ 张晓莉. 美国社区学院职业教育的历史演变 [J]. 职业技术教育，2007（10）：90.

❹ 夏晴，姜大源. 德国双元制职业教育 [J]. 中小学管理，1994（3）：29.

❺ 栾曦. 德国"双元制"高等职业教育的历史及启示 [J]. 东北电力大学学报，2010（3）：75.

❻ 栾曦. 德国"双元制"高等职业教育的历史及启示 [J]. 东北电力大学学报，2010（3）：76.

❼ 李蔺田. 中国职业技术教育史 [M]. 北京：高等教育出版社，1994：7.

京金陵职业大学的创立为标志，拉开了新时期高职大发展的序幕。继江苏之后，安徽、湖北、广东、河南、福建等省也相继建立了高等职业学校，到1985 年全国高职院校已达到 118 所，掀起了高职发展的第一个高潮。1996 年 9月 1 日《中华人民共和国职业教育法》颁布实施，其中明确规定："职业学校分为初等、中等、高等职业学校教育"，第一次确立了高等职业教育和高等职业学校在我国教育结构中的法律地位。❶ 到 2012 年年底，全国共有高职高专1297 所，在校生近 1000 万人，高等职业教育占据了我国高等教育的"半壁江山"的表述可谓实至名归。

二、高职院校的特有职责与功能

由于高职院校是大学历史发展的产物，因而高职院校从诞生之日起，就遗传了大学的基因，肩负起培养人才和知识加工的特定使命，只不过与普通大学相比，其培养人才的类型与知识处理的种类有所不同。

（一）高职院校着眼于培养技术技能型人才

人才的概念可以从不同角度作出不同的解释。《辞海》中把人才界定为有才识学问的人、德才兼备的人。❷"人才学"这样定义人才的概念："人才就是以其创造性的劳动，为社会发展和人类进步做出一定贡献的人。"❸ 从人的发展规律和社会需求的角度看，人才也有层次与类型的差别。一般而言，高等学校承担着培养高层次人才的任务。所谓高层次人才是指在一定时期和不同领域内的人才队伍中，具有先进的思想道德品德、较高的文化素质水平和较强的专业能力，并以创造性的劳动为社会作出较大贡献的人才。而人才的类型又由社会分工所决定。党和政府的有关文件指出，为全面建设小康社会，开创中国特色社会主义事业新局面，要"造就数以亿计的高素质劳动者、数以千万计的专门人才和一大批拔尖创新人才"。❹ 因此，高等学校既要培养一大批学术型专业人才，也要培养更多的生产、管理、服务第一线的技术技能型专门人才。而这两类人才的培养规律与特点既有共性、更有差异性，由不同的院校进行分工培养实为一种需要，"各种外部控制必须做到有区别地对待具有不同职责的

---

❶ 陈英杰. 中国高等职业教育发展史研究 ［M］. 郑州：中州古籍出版社，2007：101.

❷ 夏征农，陈至立. 辞海（缩印本）［M］. 上海：上海辞书出版社，2010：1556.

❸ 人才学 ［EB/OL］. http：//www. zzwzzz. net/news/shownews. asp？ newsid＝1128，2011－6－8.

❹ 中共中央、国务院关于进一步加强人才工作的决定 ［EB/OL］. http：//www. cnca. gov. cn/rjw-bgs/ztxx/rzrkrc/4545. shtml，2006－09－22.

高等学校,"❶ 而高职院校的创办和发展则是达到这一目的的当然选择,即高职院校人才培养的目标着眼于技术技能的掌握和运用的人才。

(二) 高职院校着力于加工程序性知识

众所周知,知识是主客体相互统一的产物,而大学与知识又是须臾不分的——大学因知识而生:正是中世纪一群知识分子出自对知识和学问的共同兴趣和爱好集聚在一起,并吸引了众多求知的学子,从而诞生了作为行会组织的大学;大学由知识而在,不管哪个国家的哪所大学,其教师们的共同点就是都在从事"知识操作","只是发现、保存、提炼、传授和应用知识的工作组合形式有所不同罢了","知识就是材料","研究和教学是主要的技术"。❷ 无论哪一层次的教育,都离不开知识这一核心要素。曾任美国约翰斯·霍普金斯医学院教授的霍尔斯特德(William S. Halsted)曾经在一封信上这样写道:"我们至今多少还在黑暗中摸索,而且我相信今后将永远如此。""我们的身后不乏光明之处,前方却仍漆黑一团",❸ 精辟概括了大学人为知识而耕耘不辍的写真画面与内在真谛。可以说,只要有知识探求的需要,就会有大学的存在。而知识也同步在大学的发展中变得丰富、多样。从其内涵来看,有科学知识、人文知识和社会知识;从表现形态看,有显性知识和隐性知识;从知识与实践的关系角度看,分为认识世界的知识和改造世界的知识。正是基于这一认识,信息加工心理学家将知识分为陈述性知识和程序性知识两类。❹ 前者用来描述"是什么"或解释"为什么"的问题,即通常所说的理论知识;后者主要回答"怎么办"或"如何做"的问题,即经验知识。陈述性知识属于认识和解释世界、揭示事物之间的关系与规律,它的对象是客观事物。这种知识实际上就是科学知识;程序性知识则属于改造世界、改造事物和人的行为的知识,它的对象是物质的实践活动,这种知识也称为技术知识。科学知识和技术知识是两种既有密切联系又有显著区别的知识体系,它们各有自己的性质、任务、内容、方法和评价标准。为了处理上述两类不同性质的知识,长期以来事实上就一直

❶ [英] 迈克尔·夏托克. 高等教育的结构与管理 [M]. 王义端,译. 上海:华东师范大学出版社,1987:45.

❷ [美] 伯顿·克拉克. 高等教育系统——学术组织的跨国研究 [M]. 王承绪,等,译. 杭州:杭州大学出版社,1994:12.

❸ [美] 亚伯拉罕·弗莱克斯纳. 现代大学论——美英德大学研究 [M]. 徐辉,陈晓菲,译. 杭州:浙江教育出版社,2001:12.

❹ 陈述性知识与程序性知识比较概述 [EB/OL]. http://www.zhixing123.cn/lilun/630.html, 2012-3-18.

存在着与人类社会长期共生，却始终二元分离的两大体系，即学术体系和工作体系。❶ 前者的主体是学者，主要任务是进行知识的传播、表达和生产，大学的出现正是其中的必然；而后者的代表最初是工匠，主要工作是进行物品的设计、生产和交换。随着经济与技术的发展进步，工作体系变得日益庞大和复杂，尤其是西方产业革命为标志的现代工业的发展，以至于需要建立像学术体系活动所需要的专门学校来代替传统的师傅带徒式的学徒制，以掌握日益复杂化的技艺，及至近代，世界各国相继建立了以培养技术技能型人才为主要使命的职业学校，直至后来的高等职业院校。今天，高等职业院校已经与学术性的普通高校呈并驾之势。

联合国教科文组织《国际教育标准分类法》（1997 年修订稿）中对第三级教育第一阶段 5A 与 5B 的区分也正是基于这一现实的体现。其中 5A 是理论型的，主要探究的是科学知识；5B 是实用技术性的，主要关注技术知识。因此，与普通高校相比，高职院校的科研更强调与教育相结合、与生产实际相结合，重视专业知识在实践中的应用研究，关注新技术的开发研究，推行技术革新和技术推广应用。"前沿、高尖端型的科研不适合高职院校的实际，一线生产、技术管理、操作能力方面的项目研发对我们而言更有优势。"❷ 同时高职院校重视科研围绕教学、服务教学的特点也十分显著。

三、高职院校校长及其胜任力

校长通常是一所学校的主要负责人。在我国，早在远古时代就出现了校长这一职业的萌芽，只不过那时没有"校长"这一称谓。中华民国成立后，"1912 年把学堂一律改称学校，学校负责人自此改为校长"。❸ 高职院校校长是由国家教育行政部门或其他办学机构管理部门依法任命的执掌高等职业院校校务的主要行政负责人。高职院校校长对外代表学校，对内主持校务。众多的事实表明，校长对学校的发展非常重要，高职院校也不例外。20 世纪 80 年代，美国高校董事会组建了由杰出教育家、校长及其配偶、立法人士、协会主管以及大学董事组成的"强化校长领导全国委员会"（National Commission on Strengthening Presidential Leadership），该委员会通过对 800 多位人士、数千小

❶ 徐国庆. 职业教育原理［M］. 上海：上海教育出版社，2007：29.

❷ 林洁，杨晓燕. 依托行业企业，高职院校科研一样能做出特色［EB/OL］. http：//www. chinanews. com/edu/edu－jygg/news/1965750. shtml，2009－11－16.

❸ 张爽. 学校变革中的校长领导力［M］. 北京：教育科学出版社，2010：8.

时的访谈、调查和分析后，得出了加强校长工作对学校发展的重要性的结论。英国的阿什比勋爵（Eric Ashby）最清楚不过地指出："大学的兴旺与否取决于其内部有谁控制"，❶ 美国加州大学伯克利分校高等教育中心前主任欧内斯特·博耶（Ernest. L. Boyer）也认为："如果大学要成为一个有效的群体，那么有效的管理便是根本"。❷ 既然如此，那么选拔合适的人士担任校长便成了问题的关键，也就是考察候选者是否拥有担任高职院校校长一职所要求的胜任力，只有将能满足高职院校校长职位要求的人遴选出来担任校长，才能最大限度地实现人力资源效益的最大化并有利于高职院校的发展。

那么高职院校校长胜任力是什么、又该如何测量呢？中华人民共和国《高等教育法》第四十条规定："高等学校的校长，由符合教育法规定的任职条件的公民担任"，第四十一条："高等学校的校长全面负责本学校的教学、科学研究和其他行政管理工作，行使下列职权：（1）拟订发展规划，制定具体规章制度和年度工作计划并组织实施；（2）组织教学活动、科学研究和思想品德教育；（3）拟订内部组织机构的设置方案，推荐副校长人选，任免内部组织机构的负责人；（4）聘任与解聘教师以及内部其他工作人员，对学生进行学籍管理并实施奖励或者处分；（5）拟订和执行年度经费预算方案，保护和管理校产，维护学校的合法权益；（6）章程规定的其他职权"。同时，"高等学校的校长主持校长办公会议或者校务会议，处理前款规定的有关事项"等。高职院校作为高等学校的一种类型，显然也必须依照《高等教育法》依法办学。

尽管《高等教育法》没有明确校长的条件和具体要求，但是从该法明示的校长承担的职权范围和责任用度，不难看出校长职责之重大。而要担负得起这样的重任，需要具备的条件要求之高应该可以想见。简而言之，由于"高等职业教育同普通高等教育相比既具有高等性，又具有职业性"，因而"一名优秀的高等职业院校校长既要具有一般大学校长的基本特质，又要具有同高等职业教育发展相适应的基本特质"。具体表现为要有崇高的历史使命感、要遵循高职教育办学规律、要有强烈的市场意识、要有有效的资源整合能力和永无止境的创新意识等。❸ 不仅如此，由于大学社会角色的变化、大学职责功能的

---

❶ ［美］伯顿·克拉克. 高等教育系统——学术组织的跨国研究［M］. 王承绪，等，译. 杭州：杭州大学出版社，1994：121.

❷ 牛维麟，李立国，詹宏毅. 大学校长职业化的探究与启示［J］. 中国高等教育，2009（11）：11.

❸ 任君庆. 高职院校校长的基本特质探析［J］. 中国高教研究，2011（12）：76.

拓展、大学中心地位的确立，对大学校长的要求也随之提升，人们普遍期望大学校长能够成为"学生的朋友、教师的同事、校友的好友、校董的好行政管理者、对公众的好演说家、同基金会和联邦部门的机敏议价者、州立法议会的政客、工业与劳工与农业的朋友、对捐赠人有说服力的外交家、通常来说是能为教育奋斗的人、专业（特别是法学与医学）的支持者、对报界的发言人、本身就是学者、州一级和全国一级的公仆、对歌剧和足球并重的热心人、体面像样的人物、好丈夫和好爸爸、教会的积极信徒"，"他应当既坚定又温和；对他人敏感，对自己迟钝；回顾过去与放眼未来，但坚定着眼于现在；既有幻想又脚踏实地；既和蔼可亲又善于反思；了解美元的价值又知道思想无法购买；其想象力鼓舞人心，但其行动小心谨慎；为人富有原则，但善于进行妥协；具有远见卓识，而又能认真注意细节"，❶ 简而言之，人们眼中的大学校长应当是个无所不能的"多面手"，高职院校校长当然最好也是这样。

事情还不仅如此，内外因关系原理告诉我们，事物的发展是内因和外因共同起作用的结果。内因是事物变化发展的根据，外因是事物变化发展的条件，外因通过内因起作用。除了上述外在客观的要求之外，对高职院校校长发挥作用更为重要的应当是包括当事校长个体具有的内在特质等在内的各种内因条件。这些条件有对校长工作性质和责任的正确认知，有对校长工作效果的成就动机，有对校长未来发展的理性审视等，否则无论多么严格的外在要求与良好的内在愿望也难以实现。换句话说，要胜任高职院校校长工作，不仅需要掌握一定的理论知识，而且要具有高超的管理技能，同时要具备优秀的心理特质，因为大凡"卓越人才，总是在不被人们所见之处持之以恒努力"。❷ 只有这些外在与内隐、主观与客观、感性与理性相统一的先天素质和后天追求共同作用并内化于校长个体，才能对校长岗位工作产生影响并发挥作用。

结合以上的分析，本研究认为，高职院校校长胜任力除了包含前述胜任力的主要特征外，还包括当事者与特定高职院校相适合的程度，即所谓"适合的才是最好的"，因此本研究对高职院校校长胜任力的初步界定是：特定个体满足高职院校校长岗位要求的程度。其内涵表现为：

（1）内容层面：由一系列细化内分、相互关联并有机统一的要素或特征构成。这些要素或特征可以称之为"高职院校校长胜任力要素"或"高职院

---

❶　[美] 克拉克·克尔. 大学之用（第五版）[M]. 高铦，高戈，汐汐，等，译. 北京：北京大学出版社，2008：16-17.

❷　[日] 有田和正. 教師の実力とは何か [J]. 東京：明治図書出版株式会社，1998（第三版）：22.

校校长胜任特征"。

（2）条件层面：对高职院校校长工作产生效用的、从外显的知识、才能到内隐的态度和动机等个体特性的反映。

（3）结果层面：满足高职院校校长岗位要求的程度，可以根据其程度状况分为不同的层次类别，也可以简单地二分为"优秀"与"普通"。

那么满足的程度如何来衡量呢？或者换言之，我们怎样表征内里与外在、客观与主观、应然与实然相统一的高职院校校长胜任力呢？

胜任力概念的创制者麦克莱兰在《测量胜任力而非智力》中提出的有效测验的原则或许能够给我们以启发。麦氏的第一个原则是"最好的测验是校标取样"。通俗地讲，"如果你想知道一个人会不会开车？其驾驶技术如何？你只要让他进行一次实地的标准样本驾驶测验就可以了"，因为"大量的实例说明业务的熟练程度可以根据标准样本测验进行测量"，同样，"如果你想知道谁将会是一名优秀的教师，就必须像 Kounin（1970）那样进行课堂实录，找出好教师与不好的教师之间的不同"，依此类推，"要挑选未来的商人、研究科学家、政治领袖，或要知道谁会有幸福的婚姻，就必须进行周密细致的行为分析，提前采样一些适应性行为作为标准"，❶ 并据此进行判断。不难设想，要想知道谁能够胜任高职院校校长职位，最好的办法莫过于将视线转向那些实际担任高职院校校长的人士，尤其是在高职院校校长岗位上表现突出、成绩卓著的人士，采用一定的方式将这些校长身上具有的、且对校长工作产生绩效的特征要素挖掘并呈现出来，并以此为依据进行考察测量就有可能使问题得到求解。这将是下一章所要解决的主要问题。

---

❶ David C. McClelland. Testing for competence rather than for 'intelligence'. American Psychologist January，1973：8.

高职院校校长胜任力模型建构

第一节　研究目的

为了进一步把握高职院校校长胜任力的本质特点，本章拟通过选择一个样本区域高职院校校长为具体的研究对象，实证分析其行为特征，即进行"实际校标样本测试"，提炼归纳出高职院校校长胜任力特征要素，在此基础上建构高职院校校长胜任力模型，为胜任力理论应用提供基础性保障。

第二节　研究方法与步骤

一、研究方法的选择与确定

自 20 世纪 70 年代麦克利兰提出胜任力理论并随后率先建构其模型至今，出现了形形色色的胜任力模型，这些模型的建构方式也可谓多种多样，归纳起来主要有下列几种。

（一）职业分析法

又称职能分析法、工作分析法。即根据岗位或职业的要求，分析与之相匹配的胜任特征，其内在机理在于过往的经验结果与环境要求的体现。具体的方法就是从工作活动单元职能作用的角度，对工作或职业进行分析。它关注实际的工作产出，聚焦于工作过程及其结果，通过分析识别出一个职能或工作所要求的产出能力。该方法首先调查职位的工作责任、任务、义务、角色和工作环境，同时抽取、分析出职位的工作职责与关键角色（key roles），然后对可接受的标准或绩效进行描述，根据角色和工作职责确定胜任力单元（competency unite），最后确定胜任力。❶ 职业分析法更多的是关注岗位工作的特点及要求，着力于工作的过程和结果，而不是工作中的人，因而这种方法的最大特征是"见物不见人"。

（二）行为分析法

这种方法将人的具体行为看做特定情境下对知识、技能和动机等的刺激反应和实际体现，即根据人的特定行为表现来推断其代表或反映的内在特质和未来趋向。具体采用的方法有观察法、角色扮演和调查法等，即通过直接或间接的方式了解调查对象的特定行为，并据此设定相应指标表征其胜任力。这一方法的不足是特定对象行为的不确定性，因而难以形成比较规范的操作方法，信度低。另外，短时间的行为观察往往也存在难以反映被观察者内在的、深层次的心理特征的缺陷。

（三）专家评定法

它是由相关领域的权威专家组成专家小组，在详细比较分析每个胜任特征的基础上，经过多次删除或合并后最终确定胜任力特征模型的方法。❷ 这一方法的前提是结合文献法和问卷调查法等方法先行呈现可能具有的胜任特征，然后再利用专家多年的丰富经验和理性判断进行评定。不难看出，这一方法比较方便实用的同时，也存在一定的人为不确定性，其结果往往受到不同专家印象的影响。

（四）行为事件访谈法

行为事件访谈法（Behavioral Event Interview，简称 BEI）是由 McClelland 于 20 世纪 70 年代开发出来的开放式行为回顾式探索技术，是一种结合 John C. Flanagan 的关键事例法（Critical Incident Technique，CIT，又称关键事件法）与主题统觉测验（Thematic Apperception Test，TAT）的访谈方式。BEI 最早用以进行心理测评，通过一系列的问题，如"您当时是怎么想的？""您是怎么对他说的？""您采取了什么措施？"等，收集被访者在代表性事件中的具体行为和心理活动的详细信息，后来被麦克利兰用来建构了世界上第一个胜任力模

---

❶ 冯明，尹明鑫. 胜任力模型构建方法综述［J］. 科技管理研究，2007（9）：229.
❷ 胡蓓，张文辉. 职业胜任力测评［M］. 武汉：华中科技大学出版社，2012：15.

型并得到推广。

在建构胜任力模型的既有研究和实践中，行为事件访谈法主要以目标岗位的任职者为访谈对象，通过对被访谈者在任职期间最具典型特征（最成功和最失败）事件的详细阐述，挖掘出事件背后的原因与细节，比较绩优群体和普通群体之间行为特征的差异，进而提炼总结出满足特定岗位所需的胜任力。多年的实践表明，这一方法是目前最为有效且得到一致公认的建构胜任力模型的方法（时勘，2006；冯明，尹明鑫，2007），其优点有：首先，运用该法建立的模型具有较高的信度，与实际的岗位胜任特征能实现较好的匹配；其次，它能获得较为全面的信息，因而涵盖的胜任力要素相对比较完善；再次，它是通过被访谈者的真实行为来挖掘其背后的深层次胜任特征，因此构建的模型更符合实际。❶ 有鉴于此，本研究也采用这一方法作为模型建构的主要方法。

在实施行为事件访谈时，由于重点应放在追述被访谈者在过去真实的情境中采取的举措和行动，而不是假设性的或抽象性的行为举动，为此常常需借助STAR 工具来进行。STAR 工具又称 STAR 原则，是 Situation（情景）、Task（任务）、Action（行动）和 Result（结果）四个英文单词的首字母组合。STAR 主要关注以下四个问题：一是 S（Situation）：那是一个怎么样的情境？什么样的因素导致了这样的情境？在这个情境中有谁参与？二是 T（Task）：当事者面临的主要任务是什么？为了达到什么样的目标？三是 A（Action）：在那样的情境下，当事者当时心中的想法、感觉和想要采取的行为是什么？四是 R（Result）：最后的结果是什么？过程中又发生了什么？为了使访谈能够取得良好的效果，需要注意以下几点：

（1）从正向的事件开始；

（2）遵循事件本身的时间顺序；

（3）探究有关的时间、地点和心情，这样通常有助于被访谈人回忆起当时的情节；

（4）让被访谈者多说有用的素材。通过不断地强化，可以训练被访谈人如何描述此类事件；

（5）了解访谈过程以及被访谈人可能会出现的情绪反应；

（6）一次只描述一个情况，注意探究其行为模式。探究思想上的起因 S

---

❶ 胡蓓，张文辉. 职业胜任力测评［M］. 武汉：华中科技大学出版社，2012：12.

和行为过程 A，即实例中技术问题的解决模式和策略规划的思考程序。❶

除了行为事件访谈法之外，本研究也采用德尔菲法（Delphi Method）作为辅助方法。该方法是在 20 世纪 40 年代由赫尔默（Helmer）和戈登（Gordon）首创，最初应用于科技领域。1946 年，美国兰德公司为避免集体讨论存在的屈从于权威或盲目服从多数的缺陷，首次用这种方法来进行定性预测，后来该方法被迅速广泛采用并逐渐扩展应用于其他领域的预测，如军事预测、人口预测、医疗保健预测、经营和需求预测、教育预测等。此外，还用来进行评价、决策、管理沟通和规划工作。所以这种方法也称为专家调查法。德尔菲法具有以下的典型特征：一是吸收专家参与，充分利用专家的经验和学识；二是采用向专家单独咨询、或匿名、或背靠背的方式，能使每一位专家独立自由地作出自己的判断；三是经过几轮反馈，使专家的意见逐渐趋同。由于本研究既是一个理论问题研究，同时更是一个实践问题研究，所以咨询与高职院校校长有密切关联的有关专家的意见和看法，对于提高研究质量至关重要。本研究拟就高职院校的实际状况和性质、高职院校校长胜任力编码词典条目的构成以及高职院校校长胜任力要素的初步结果与人们的常规认识是否吻合等问题征求了 7 名高职院校有关人员、教育行政部门领导和有关方面的专家意见。

二、研究步骤

（一）研究准备

包括相关研究资料的收集与整理、研究方案的考虑与确定、行为事件访谈法的练习、访谈提纲与访谈协议的拟定等。

（二）选择访谈对象

从理想的角度出发，一项研究如果能够对所有研究对象进行研究，那么其研究结果的误差相对就会更小。但是由于研究条件的限制（时间、经费等），"无论什么研究方法，都不可能、也没有必要穷尽对研究总体中的所有个体进行研究"，❷ 因而科学的抽样方法对研究精度的保证就显得非常重要。尽管遵循"随机化原则"的概率抽样对总体代表性最高，但是考虑到本研究的对象是校长，一方面由于其工作大多非常繁忙，客观上难以保证其有足够的时间和精力配合访谈；另一方面，在当下，高职院校校长也是具有行政级别的"厅

---

❶ 杨雪. 员工胜任素质模型全案［M］. 北京：人民邮电出版社，2012 年（第 2 版）：8.

❷ 张红霞. 教育科学研究方法［M］. 北京：教育科学出版社，2009：265.

官"（副厅级），因此较之学校其他人员（如普通教师、学生）等相对更难接近。因此，考虑到研究对象的特殊性和研究实施的可行性，本研究采用方便抽样法，也就是尽可能选择与研究者本人、或者研究者通过熟悉的人向对方打招呼牵线后能够自愿配合研究、接受访谈的校长。尽管如此，并不是说本研究的样本选择就没有标准，总体原则是，在满足下列标准的前提下按照方便可行的原则进行抽样：

1. 地域选择

众所周知，中国幅员辽阔、地大物博，不同区域不仅经济社会发展状况不同，而且人文环境、民俗习惯等也有差异，有的甚至差异很大，因此在中国这样一个国度从事研究、尤其是涉及取样的实证研究，就必须既考虑统一性、又关注差异性，否则很可能出现研究结论的过度偏差。由于本研究的对象是高职院校校长，因此首先要考虑的是这些校长任职高职院校的分布情况、发展状况和类型特点。从总体上看，东南沿海地区不仅高职整体发展水平高，而且高职院校布局密度也比较大，一定程度上代表中国目前高等职业教育发展的先进水平，尤其以长三角地区为甚。考虑到研究的典型性、代表性和便利性，本研究选择位于长三角的江苏省为样本区域。这主要基于以下几点考虑：第一，该省高职院校数量多。截全 2013 年 5 月底，共有三年制高职 81 所（含江苏联合职业技术学院），五年制高职 40 所，总数达 121 所，数量位居全国第一。第二，发展水平高。该省共有 15 所国家示范（骨干）高职院校，数量位居全国第一。近年在全国职业院校技能大赛中连续多次名列前茅。第三，在中国高职发展史上，该省具有典型性。1980 年，该省率先创办了金陵职业大学，这是改革开放后创办的第一批高职院校之一，从此开启了高等职业教育发展的序幕。第四，有特色。不仅有三年制高职，而且五年一贯制高职在全国也是独树一帜。当然还有一个虽不能堂而皇之地强调、但却是不可忽视的原因，就是研究者本人生活工作在该省，对情况比较熟悉，调查实施起来比较方便。

2. 任职要求

江苏境内高职院校现任"一把手"正职校长。需要说明的是，此处的"现任"指确定访谈对象时的时间点。事实上在随后访谈实施时有两位校长的任职情况发生了变化：一位刚刚转任所在学校的党委书记，另一位因年龄原因从校长岗位上刚刚离任。由于这些变化刚刚发生，何况与对方已经约定好，而且从性质上对本研究几乎没有影响，所以依然将其作为正式访谈对象。第二个任职方面的要求是其在高职院校校长岗位上一般任职三年及以上者，这样可以使研究对象对校长岗位比较熟悉，有比较深入的体验与经验。事实上访谈校长中有 8 位校长的任职年限在 10 年以上，最长的一位校长任职 16 年。❶ 除了 1 位校长在正职校长岗位上任职一年多之外，其余的均在校长岗位上任职 3 年以上。平均任职年限近 8 年（7.94 年）。那位任职一年的校长在此之前任所在学校的常务副校长，而彼时该校校长由书记兼任，因此如果将其担任常务副校长时间算在内，该校长任职年限也达到了 3 年的标准。

3. 其他要求

在满足第二点任职要求的前提下，选择的样本对象所在的高职院校兼顾院校类型和地区特点。由于目前高职院校主要有三年制高职和五年制高职两类，因此本研究在这两类高职院校中等额选取研究对象。在具体访谈对象数量的选择上，一方面，根据 Lincoln 和 Guba 的观点，用于访谈目的的样本数量应该大于 12 个；❷ 另一方面，根据已有的研究（徐建平，2004；刘维良、赵亚男、钟祖荣，2007；王芳，2008；刘国胜、曾珍香，2009；林立杰，2010；魏士强、洪银兴课题组，2010；霍晓丹，2013），样本数量通常在 12～30 之间。本着既满足研究的需要又兼顾可行性的原则，本研究在三年制高职和五年制高职中各选择 8 名校长，共计 16 名，其中绩优校长 8 名、普通校长 8 名。考虑到江苏省内地区差异的客观存在，苏南地区经济社会发展水平最为发达，苏中次之，苏北再之，所以上述样本对象覆盖苏南、苏中、苏北三个地区。

4. 绩优校长的条件

绩优校长顾名思义就是在校长岗位上表现出色并且取得非凡业绩的校长。尽管如此，要客观公允地区分绩优与普通校长事实上很困难，这一方面是由于所谓的绩优其实是一个相对的概念，并没有一个"放之四海而皆准"的客观标准；另一方面，校长职位是一个比较特殊的职位，其业绩的取得和校长表现的状况往往受到所在地区、所在学校等多重复杂因素的影响。鉴于这种情况并结合中国当下的实际，本研究中的绩优校长就以某种人为确定的标准作为区分的标识。在本研究中，这种标识是指受到省级及以上表彰或获得相关荣誉称号

❶ 注释：由于江苏五年制高职是在三年制中职基础上举办的，也就是选择办学历史长、办学条件好、办学水平高的三年制中职，经评估认定举办五年制高职，所以有部分校长的任职年限包括升格前在该校校长岗位上的任职年限。

❷ 吴继霞，黄希庭. 诚信结构初探 [J]. 心理学报，2012（3）：356.

的高职院校校长，具体包括在校长岗位上获得过中国职业教育杰出校长❶、江苏省职业教育领军校长、省级职业院校优秀校长等荣誉称号的校长。

表3-1　访谈样本对象基本情况

序号	代号	性别	学校类型	组别	任职年限	所在地区
1	F1	男	三年制高职	2	7	苏南
2	F2*	男	五年制高职	1	12	苏南
3	F3*	男	五年制高职	1	11	苏中
4	F4	男	三年制高职	2	4	苏中
5	F5	男	五年制高职	2	5	苏南
6	F6	男	三年制高职	1	6	苏南
7	F7	男	三年制高职	1	10	苏中
8	F8	男	三年制高职	2	3	苏北
9	F9*	男	五年制高职	1	16	苏南
10	F10	男	三年制高职	2	10	苏南
11	F11	男	五年制高职	2	7	苏南
12	F12	男	三年制高职	2	10	苏南
13	F13	男	五年制高职	2	4	苏南
14	F14*	男	五年制高职	1	11	苏南
15	F15	男	三年制高职	1	1	苏北
16	F16	男	三年制高职	1	10	苏南

备注：1. F1 指第一个访谈校长，F2 指第二个访谈校长，以此类推，F16 指第十六个访谈校长，以下同。需要说明的是，这一排列顺序不是实际访谈时的顺序，也不是有意安排的顺序，而是随机排列的。

2. 组别 1 表示绩优组，2 表示普通组。

3. 代号中有"*"标识的校长，其任职年限包括学校升格前在该校的任职时间。

（三）实施行为事件访谈

根据访谈提纲，对访谈对象进行行为事件访谈并录音。2013 年 8 月 24 日

---

❶　注释：由中国职业技术教育学会商中国教育报、高等教育出版社、教育部职业教育中心研究所和中国职业技术教育杂志等五个单位共同发起的评选表彰活动，首届于 2005 年 4 月启动，经过自下而上、地方推荐、专家评审等环节，最后评选出 100 名院校校长为"中国职业教育杰出校长"，其中，中等职业学校校长 75 名，高等职业院校校长 25 名。2009 年 9 月评选出第二届"中国职业教育杰出校长"130 人，其中高职院校校长 33 人。第三届评选活动于 2012 年 4 月发出通知后因故被叫停。尽管这是由学会和媒体组织评选的，但是从实际看，其评选要求比较严格，当选者人数十分少，一定程度上代表了目前中国职业院校校长的先进水平，因此本研究将其作为绩优校长的标准之一。

开始访谈第一位校长，2013 年 12 月 14 日访谈最后一位校长，对 16 位高职院校校长的访谈时间持续近 4 个月。这主要是由于受访校长大多非常繁忙，从开始联系到最终实施访谈实非易事之故。

事先联系并将访谈提纲提供给对方，以便对方提前进行适当准备，以提高访谈效果与质量。具体的时间与地点以对方方便与合适为原则，除了 2 位校长情况特殊外（一位苏北地区高职院校的校长是利用其到江苏省会城市南京开会的机会在对方所在宾馆进行访谈、一位苏南地区的校长是利用其到笔者所在学校做学术报告之后在学校会议室进行访谈），其余 14 位均是研究者到被访谈者所在学校进行访谈的。在最初的访谈候选对象中有 2 位因为多种原因（如工作繁忙）未能接受访谈而被替换。在访谈前均向对方出示书面《访谈协议书》（见附录一）并当场签署，明确告知对方整个访谈要被录音并说明访谈所得资料的使用等情况，在得到对方的当面认可后再正式进行访谈。

整个访谈分为两个部分：第一部分访谈内容提纲是事先提供给对方的，就是请对方分别描述在校长岗位上自感最为成功（或得意）的三件事和最为失败（或遗憾）的三件事，包括事件发生的缘由、事件的具体过程、有哪些人参与了该事件、当事人是如何思考并行动的、当事人所起的作用是什么、事件的结果如何、产生了哪些影响等。第二部分访谈内容包括访谈者事先预设的问题和临时随机提问的问题，这些问题事先均未向对方说明，试图通过这种方式进一步获得访谈对象最真实、最客观的信息。事先预设的问题主要是请对方"根据自己担任校长的多年经历阐述要胜任职业院校校长岗位需要具备的核心要素"。随机提问主要视访谈时间、访谈氛围、访谈校长的实际情况而定，包括"为什么选择这个岗位"、"个人在校长岗位上独特的施政措施及其原因"等。

考虑到研究规范的需要，同时兼顾对方工作的实际，整个访谈时间一般控制在 1 小时左右。实际访谈录音时间最短的 59 分钟 40 秒，最长的 2.5 小时，平均访谈时间 1.5 小时，达到了预期效果。整个访谈全程进行了录音。考虑到访谈机会的难得，为了慎重起见，实际操作时每次均放置两台数码录音机同时进行录音。事实上有一次在录音时，确实有一台录音机因为内存不够（前面的访谈录音未能在转录后及时删除）而仅仅录音了部分访谈内容，所幸还有一台录音机记录了访谈情形。

（四）访谈录音文本转录

文本转录繁琐而耗时。为了保证质量同时兼顾效率，首先聘请了某高校教育学和应用心理学专业的 6 名高年级学生进行初步转录。在转录前对这项工作的要求和注意事项等进行了集中培训与说明。然后由研究者本人对照录音核查文本，确保文本最大限度地符合实际录音内容，忠实于访谈对象的原意。校核后给每个录音文本编号并打印，形成本研究最主要的数据资料，共计 27.33 万字。

（五）编制《高职院校校长胜任力编码词典》

在上述工作开展的同时进行胜任力编码词典的编制工作。胜任力编码词典是建构胜任力模型的来源和基础，包括胜任力的名称、定义以及等级。胜任力词典有几个用途："第一，它提供了一个基本的概念框架，或为模型建构工作提供一个起点。框架在有关工作要求的初始观念分类中有重要作用，模型建构者可以自由地修改和增删这个框架。第二，在小组会议中，使用框架请每一个参加者把这一系列与工作相关的胜任力按照其重要性排序。第三，框架能够用于指导行为事件分析"。而且"最终建构的模型不会受一般胜任力词典的制约"。❶

本研究具体的编制方法和过程是：通过借鉴参考美国 Hay 公司《胜任力分级素质词典》（1996 年版）❷、弗布克人力资源研发中心的《素质三级定义词典库》❸、英国国家教育评价中心（the National Educational Assessment Centre，简称 NEAC）研制的《学校管理者胜任力模型》、《大学校长胜任力模型》、《中国高校领导者胜任特征模型》等中外代表性的胜任力词典和模型，初步编制出本研究的《高职院校校长胜任力编码词典》（以下简称《编码词典》）的征求意见稿，其中包括知识、才能、素养、态度和动机等共计 51 项胜任力编码条目。然后聘请了国内著名高校知名教授、职业教育科研机构高职领域研究人员、省内教育行政部门管理人员和高职院校代表等多方面的专家，征求他们对《编码词典》的意见和建议，最终形成本研究的《编码词典》，共计 39 个条目，每一个条目包括名称、定义和等级描述。其中等级指每一胜任特征行为的强度程度情况，通常编码词典中的行为等级以 5 ± 2 为宜，❹ 不难设想，等级分得越细，编码的操作难度越大，一致性越难以保证。本研究按照

---

❶ 徐建平. 教师胜任力模型与测评研究 ［D］. 北京师范大学博士论文，2004：27.

❷ 胜任力分级素质词典 ［EB/OL］. http：//www. chinahrbbs. cn/thread – 34963 – 1 – 1. html，2013 – 11 – 8.

❸ 杨雪. 员工胜任素质模型全案 ［M］. 北京：人民邮电出版社，2012：17 – 84.

❹ 陈岩松. 基于胜任力的高校辅导员绩效评价研究 ［D］. 南京航空航天大学博士论文，2011：45.

特征行为的表现情况，从低到高设定为三个等级，分别是一级、二级、三级（示例见附录二），具体的编码词典 39 个条目见表 3 - 2。

表 3 - 2　高职院校校长胜任力编码词典条目

类别	条目名称	类别	条目名称
知识类（5）	专业知识	素养类（8）	正直
	教育管理知识		自信
	人文社科知识		心胸宽广
	公关知识		凝聚力
	法律知识		影响力
才能类（14）	系统思维	态度类（9）	关注细节
	战略思考		以人为本
	分析判断		育人情怀
	批判性思维		敬业精神
	目标管理		全局观念
	过程管理		服务意识
	决策力		创新意识
	应变力		权限意识
	行动力		市场意识
	学习力		模范带头
	公关力		责任心
	激励授权		进取心
	信息处理	动机类（3）	成就导向
	自我控制		效率感
			内省

（六）编码

编码（Coding）就是将研究所获得的资料转换成计算机可识别的数字、代码的过程。❶ 编码的质量将直接影响到模型建构的质量，编码人员的选择又是影响编码质量的最为直接的因素。为此根据专家的意见首先在两所高校选择了四位具有一定经验的心理学专业硕士研究生和高年级本科生组成编码小组，然后由研究者本人和某高校专业人员共同对编码小组成员进行了集中培训。培训

---

❶ 董奇．心理与教育研究方法［M］．北京：北京师范大学出版社，2004：293.

的主要内容包括两个方面：一是使大家对本研究的目的、要求、方法等情况有一个比较深入的了解；二是使大家对本研究编码的要求、操作方法、《编码词典》的制定过程以及主要内容情况等有深刻的理解和掌握。培训工作结束后，选择一份文本进行预编码。研究者本人和编码专业人员同时对该份文本提前进行了编码，并对结果进行了充分讨论，形成一致意见后将其作为编码参照标准，以此作为对编码小组四位成员编码质量的评定依据。通过比较分析，选择最接近标准编码文本的两人组成本研究的正式编码小组。

为了使编码的质量得到保证，正式编码小组成员确定后再次对其进行提高培训。主要方法是首先请编码专业人员进行编码技术提升的辅导，然后统计分析由两位编码员试编的文本情况，对照标准编码文本逐项比较其异同并共同讨论，使其对试编文本的编码要求加深认识、编码水平得到提高。形成一致意见后，再选择一份文本，对文中的行为事件进行独立的内容分析和主题分析，辨别、区分行为事件中的胜任特征及其等级水平，对照《编码词典》进行预编码。完成后再次进行比对分析，对有分歧的编码内容进行反复研讨，一方面加深对《编码词典》各胜任力内涵的了解把握，另一方面提高双方对编码的辨识度和统一度。如此循环往复，待双方形成一定的共识度后按照预编码相同程序进行正式编码。完成全部文本的编码后再独自进行核查、辨识，判断胜任力归类是否相互交叉或包含，确认编码的正确性。具体访谈文本编码示例见附录三。

在编码中还有一项工作就是对文中反复出现的、但《编码词典》中又没有的行为特征进行单独标注，形成《编码词典》的补充材料，这些补充特征包括感恩、现状认知、教育改革、兴趣、执着、民主意识等，共计6项。

（七）数据统计与分析

统计的主要内容有以下几项：①访谈时间；②访谈文本字数；③各个胜任特征在不同等级上出现的次数；④各个胜任特征的总频次。总频次＝各胜任特征在不同等级上的次数之和；⑤各个胜任特征的平均等级分数。平均等级分数＝总等级分数/总频次＝（各胜任特征等级×频次之和）/总频次；⑥各胜任特征的最高等级分数。最高等级分数＝该胜任特征最高等级×频次。

数据统计工作完成后，运用SPSS17.0软件进行数据分析。分析的主要项目包括长度分析（时间长度和访谈文本字数长度以及各胜任特征频次、平均等级分数、最高等级分数与访谈长度相关系数）、差异检验（各胜任特征频次差异检验、平均等级分数差异检验和最高等级分数差异检验）、信度分析（归类一致性、编码信度系数和两名编码者在频次、平均等级分数、最高等级分数的相关情况），据此确定胜任力要素、建立胜任力模型。

（八）建立胜任力模型

根据上述统计分析的结果，确定胜任力各项要素指标，并在此基础上构建高职院校校长胜任力模型。其流程见图 3 - 1。

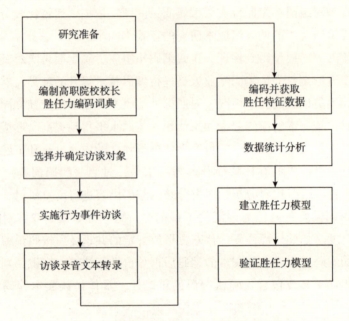

图 3 - 1　高职院校校长胜任力模型建构流程图

第三节　研究结果

一、访谈长度分析

访谈长度的衡量指标有两个，分别是访谈时间和访谈文本字数。从访谈时间看，最长的为 2.51 小时（2 小时 30 分 25 秒），最短的为 0.99 小时（59 分 40 秒），平均访谈时间为 1.50 小时（1 小时 30 分钟）。尽管访谈时间和访谈文本字数均能指征访谈长度，但由于访谈时间受到受访者语速以及访谈中其他因素的干扰影响比较大（如本研究中一位受访校长因访谈时突然有要事需要处理使访谈中断了近半小时），因而访谈文本字数作为访谈长度的标准更为稳定。

访谈录音整理的文字均在 1 万字以上，其中最长的 2.98 万字，平均字数 1.71 万字。根据行为事件访谈长度的一般要求，时间范围应该是 1.5 ~ 2 小时，录音整理成中文文本的长度必须大于 10000 字。[1] 王继承在中国国情下的实证研究也表明，行为事件访谈录音整理的字数必须要达到 1 万字以上的长度、访谈时间约 1.5 小时以上，所得数据才能够较稳定地反映被访谈人样本的水平。从本研究的情况看，已经达到了这一要求。见表 3 – 3。

表 3 – 3　访谈长度情况统计

序号	代号	学校类型	任职年限	访谈时间（单位：小时）	访谈文本字数
1	F1	三年制高职	7	1.21	15259
2	F2	五年制高职	12	1.11	11466
3	F3	五年制高职	11	0.99	12319
4	F4	三年制高职	4	1.49	17893
5	F5	五年制高职	5	1.17	12933
6	F6	三年制高职	6	1.57	16719
7	F7	三年制高职	10	1.56	19533
8	F8	三年制高职	3	1.66	19250
9	F9	五年制高职	16	2.51	29847
10	F10	三年制高职	10	1.78	15242
11	F11	五年制高职	7	1.67	21858
12	F12	三年制高职	10	1.27	14792
13	F13	五年制高职	4	2.06	14641
14	F14	五年制高职	11	1.13	12262
15	F15	三年制高职	1	1.08	13300
16	F16	三年制高职	10	1.68	26030
合计	273344 字				

二、不同组别的访谈长度相关情况

为了检查绩优组和普通组在各个胜任特征上的差异是否受到访谈长度的影响，首先对两组的访谈长度进行差异性检验，见表 3 – 4。

---

[1] 仲理峰，时勘. 家族企业高层管理者胜任特征模型 [J]. 心理学报，2004，36（1）：113.

表3-4　不同组别访谈文本字数长度分析表

组别 长度	普通组		绩优组		t	df	p
	M	SD	M	SD			
字数	16483.50	2838.502	17684.50	6713.257	-0.659	30	0.515

如表3-4所示，平均访谈文本字数长度均在15000字以上，其中绩优组平均访谈文本字数为17685字，普通组为16484字。已有的研究表明，行为事件访谈的时间要达到一定的标准（一个半小时），访谈的文本字数要达到一定的长度（一万字），所得数据才能稳定地反映样本的水平，本研究访谈的平均时间达到了1.5小时，访谈文本字数远远超过了1万字的标准，平均达到了1.71万字。差异性检验结果表明，绩优组和普通组在访谈长度上不存在显著性差异。

其次，考察各胜任特征频次、平均等级分数、最高等级分数与访谈长度相关情况。

根据Spencer等人的研究，在编码数据统计时，既可以采用各胜任特征的发生频次，也可以采用平均等级分数或最高等级分数。具体要视哪种指标最为稳定。上述指标与访谈长度的相关情况见表3-5。

表3-5　胜任特征发生频次、平均等级分数、最高等级分数
与访谈文本字数长度相关情况

胜任特征	长度与频次	长度与最高等级分数	长度与平均等级分数
专业知识	0.350*	0.149	0.030
教育管理知识	0.553**	-0.088	-0.105
人文社科知识	0.491**	0.424*	0.097
公关知识	0.235	0.320	-0.044
法律知识	0.618**	a.	0.171
系统思维	0.430*	0.168	0.388*
战略思考	0.298	-0.270	-0.238
分析判断	0.426*	0.089	0.127
目标管理	0.400*	0.277	0.039
过程管理	0.170	0.090	0.277
决策力	0.547**	0.174	-0.036
应变力	0.361*	-0.050	0.052
行动力	0.285	0.154	-0.029

续表

胜任特征	长度与频次	长度与最高等级分数	长度与平均等级分数
学习力	0.433 *	0.824	0.241
公关力	0.170	0.261	0.112
激励授权	0.313	0.322	0.085
育人情怀	0.145	− 0.031	− 0.214
信息处理	0.518 **	0.260	− 0.153
自我控制	0.109	a.	− 0.664
敬业精神	− 0.067	0.023	− 0.195
全局观念	0.059	− 0.048	0.295
服务意识	0.506 **	0.105	0.026
创新意识	0.443 *	0.196	− 0.140
责任心	− 0.018	0.084	0.192
进取心	0.175	0.119	− 0.081
模范带头	− 0.009	− 0.145	− 0.087
自信	0.200	0.253	0.226
正直	0.042	0.038	0.358
心胸宽广	− 0.213	0.097	− 0.215
凝聚力	0.225	− 0.085	0.077
影响力	0.322	− 0.123	0.129
批判性思维	0.405 *	− 0.145	− 0.286
以人为本	0.424 *	0.250	0.249
权限意识	0.183	0.428 *	0.295
关注细节	0.091	− 0.143	0.272
市场意识	− 0.018	− 0.016	− 0.011
成就导向	0.344	0.224	0.209
效率感	0.175	0.111	− 0.249
内省	0.099	− 0.006	0.031

备注：1. * 在 0.05 水平上显著相关，** 在 0.01 水平上显著相关，a 为无法计算，以下同；

2. 由于补充编码在访谈文本中出现的频次极少，为了简约起见，在具体统计分析时将其省略，以下同。

对所有文本进行分析的结果表明，采用发生频次计分，共有 15 项要素的频次总分与访谈文本长度相关，其中有 6 项指标在 0.01 水平上相关，分别是教育管理知识、人文社科知识、法律知识、决策力、信息处理、服务意识；另外9项在0.05的水平上具有统计学意义，分别是专业知识、系统思维、分析判断、目标管理、应变力、学习力、创新意识、批判性思维、以人为本。也就是说，高达15项的胜任力要素指标，随着访谈长度的增加，其出现的频次也随之增加，表现很不稳定。采用最高等级分数计分，只有2项要素存在相关（人文社科知识、权限意识）。采用平均等级分数计分，只有系统思维1项要素与长度相关。

表3-6 不同统计指标的稳定性对照表

统计指标	与访谈文本长度显著相关的要素	显著相关的要素个数
频次	教育管理知识、人文社科知识、法律知识、决策力、信息处理、服务意识、专业知识、系统思维、分析判断、目标管理、应变力、学习力、创新意识、批判性思维、以人为本	15
平均等级分数	系统思维	1
最高等级分数	人文社科知识、权限意识	2

由此可知，与频次和最高等级分数相比，胜任力要素的平均等级分数这一指标最为稳定。这一结果与国外 Hay 公司的经典研究和国内时勘、徐建平等学者的同类研究是相同的。

三、访谈文本编码信度分析

信度指研究的前后一致性以及研究能在多大程度上重复。[1] 本研究采用归类一致性及编码内容分析信度来考察访谈文本编码信度情况——因为两位编码者对相同文本独立编码的一致性程度是衡量编码质量的重要指标，也是影响建立的模型可靠性的重要因素。

归类一致性（Category Agreement，CA）是指评分者之间对相同访谈文本资料的编码归类相同的个数及占总个数的百分比，其计算公式为：

$$CA = 2s / (T1 + T2)$$

其中，s 表示评分者编码归类相同的个数，T1 表示编码者甲的编码个数，T2 表示编码者乙的编码个数。

编码内容分析信度就是指两个及以上的研究者按照相同的分析维度，对同

---

[1] ［美］威廉·维尔斯曼. 教育研究方法导论［M］. 袁振国，译. 北京：教育科学出版社，1997：10.

一材料进行评判分析结果的一致性程度，其计算公式为：

R（信度）＝（n×平均相互同意度）／［1＋（n-1）×平均相互同意度］

其中：n 为评判者数。如果评判者是 2 人的话，那么上式就可简化为：

R（信度）＝（2×平均相互同意度）／（1＋平均相互同意度）

相互同意度是指两个评判者之间相互同意的程度，计算公式为：

相互同意度 ＝2M／（N1＋N2）

上式中，M 为两者都完全同意的类别数，N1 为第一个评判者分析的类别数，N2 为第二个评判者分析的类别数。[1]

根据上述公式计算得出的 2 名编码者对 16 位访谈对象归类一致性和编码内容分析信度结果见表 3-7。

表 3-7　胜任特征编码归类一致性及编码信度系数

序号	被试编号	T1	T2	S	CA	R
1	F1	270	324	180	0.606	0.755
2	F4	245	275	132	0.508	0.674
3	F5	124	144	61	0.455	0.625
4	F8	350	298	182	0.562	0.720
5	F10	218	192	99	0.483	0.651
6	F11	217	208	146	0.687	0.814
7	F12	216	133	106	0.607	0.755
8	F13	157	158	95	0.603	0.752
9	F2	166	205	101	0.544	0.705
10	F3	180	202	107	0.560	0.718
11	F6	246	235	152	0.632	0.775
12	F7	288	296	212	0.726	0.841
13	F9	234	299	162	0.608	0.756
14	F14	186	181	124	0.676	0.807
15	F15	185	181	119	0.650	0.788
16	F16	422	293	238	0.665	0.799
全体被试		3704	3642	2216	0.603	0.752

---

[1] 注释：归类一致性及编码内容分析信度计算参照了学者徐建平在《教师胜任力模型与测评研究》第33页（北京师范大学博士论文，2004）和董奇《心理与教育研究方法》第271页（北京师范大学出版社，2004）的有关内容。

从上表可知，归类一致性的数值从 0.455~0.726，低于 0.5 的只有两个，分别是被试编号为 F5 的 0.455 和 F10 的 0.483，其余均在 0.5 以上，最高的归类一致性达到了 0.726（被试编号 F7），所有被试的总体归类一致性为 0.603。与此相对应，其编码信度系数值从 0.625~0.841，总体编码信度系数为 0.752。

Boyatzis 和 Burrus、Klemp 等学者研究证实，受过训练的不同编码者采用最高分和频次编码，其一致性介于 0.74~0.80 之间。实际上，从已有相关研究的情况观察（徐建平，2004；魏士强、洪银兴等，2010；陈岩松，2011），达到这一目标实际上非常困难。这是因为归类一致性要求比较高，不仅要求要素相同、出处一致，而且还要求等级相同，操作时有相当难度。尽管本研究的两名编码者为心理学专业人员，事前也进行了一定量的编码训练和反复研讨，结果依然没有能够达到这一目标区间，但是根据实际情况和以往的研究经验，这个结果是可以接受的。

四、特征要素的描述性统计

描述性统计，就是对一组数据的各种特征进行分析，以便于描述测量样本的各种特征及其所代表的总体特征，进而把握测量样本及其总体的内在规律和特点，同时为进一步分析打下基础。

（一）总频次的描述性统计

一组数据中每个数据出现的次数称为频次。本研究中的频次表现为各个胜任特征在不同等级上出现的次数。各胜任特征在不同等级上的次数之和即为总频次。测量样本总频次的最大值、最小值、均值和标准差情况，见表 3-8。

表 3-8　胜任特征发生频次描述性统计

胜任特征 ＼ 特征值	最小值	最大值	M	SD
分析判断	6.00	59.00	26.625	10.965
系统思维	6.00	31.00	15.563	5.713
自信	5.00	31.00	15.219	5.428
战略思考	3.00	23.00	11.125	5.173
公关力	0.00	35.00	9.438	8.183
专业知识	1.00	25.00	9.219	5.955
目标管理	1.00	17.00	8.125	4.858

续表

胜任特征 \ 特征值	最小值	最大值	M	SD
进取心	0.00	22.00	7.688	4.809
责任心	2.00	24.00	7.625	5.890
成就导向	1.00	19.00	7.469	4.385
内省	1.00	13.00	7.438	3.510
以人为本	0.00	22.00	6.844	5.042
育人情怀	0.00	13.00	6.594	4.272
教育管理知识	0.00	15.00	6.438	3.609
批判性思维	0.00	21.00	6.125	5.399
影响力	0.00	16.00	5.906	4.230
行动力	0.00	19.00	5.656	4.093
敬业精神	1.00	11.00	5.063	2.862
凝聚力	0.00	14.00	4.688	3.514
创新意识	0.00	13.00	4.563	3.202
全局观念	1.00	15.00	4.500	2.652
应变力	0.00	15.00	4.438	2.972
人文社科知识	0.00	20.00	4.313	4.693
过程管理	0.00	13.00	4.219	3.280
决策力	0.00	13.00	3.813	3.587
正直	0.00	14.00	3.688	3.487
服务意识	0.00	9.00	3.188	2.693
市场意识	0.00	10.00	3.090	3.009
心胸宽广	0.00	8.00	2.656	1.842
信息处理	0.00	20.00	2.500	3.860
激励授权	0.00	8.00	2.500	2.356
权限意识	0.00	7.00	2.375	1.773
关注细节	0.00	9.00	2.219	2.225
学习力	0.00	14.00	2.219	3.452
模范带头	0.00	8.00	2.156	2.329
效率感	0.00	7.00	1.375	1.621
法律知识	0.00	3.00	1.188	1.148
公关知识	0.00	5.00	0.875	1.385
自我控制	0.00	2.00	0.281	0.634

（二）平均等级分数的描述性统计

等级指某一胜任特征在该胜任特征最小可觉差（JND，just noticeable difference）量表中的大小值，它表示某个行为表现的强度或复杂程度。[1] 本研究中根据每一胜任特征行为的强度程度情况，按照从低到高设定为三个等级，分别是一级、二级、三级。被试在各个等级上的总等级分数与总频次之比即为平均等级分数，其统计结果见表3－9。

表3－9　胜任特征平均等级分数描述性统计

胜任特征　特征值	最小值	最大值	M	SD
模范带头	1.00	3.00	2.088	0.397
效率感	1.50	3.00	2.050	0.448
决策力	1.33	3.00	2.038	0.441
责任心	1.44	2.67	2.032	0.285
心胸宽广	1.00	3.00	2.027	0.428
进取心	1.50	3.00	2.004	0.289
育人情怀	1.50	3.00	1.941	0.344
影响力	1.00	3.00	1.937	0.423
凝聚力	1.50	2.36	1.934	0.186
自信	1.33	2.33	1.933	0.237
权限意识	1.00	3.00	1.924	0.408
学习力	1.00	3.00	1.845	0.625
批判性思维	1.33	2.20	1.837	0.228
正直	1.00	3.00	1.835	0.394
目标管理	1.00	2.40	1.829	0.316
敬业精神	1.00	2.56	1.822	0.424
服务意识	1.00	2.88	1.816	0.382
市场意识	1.00	2.20	1.804	0.281
行动力	1.20	2.71	1.803	0.443
以人为本	1.00	2.64	1.781	0.377
专业知识	1.00	3.00	1.778	0.452
战略思考	1.00	2.50	1.778	0.342

---

[1]　徐建平. 教师胜任力模型与测评研究［D］. 北京师范大学博士论文，2004：30.

续表

胜任特征　　　　特征值	最小值	最大值	M	SD
成就导向	1.00	2.47	1.772	0.432
教育管理知识	1.00	2.33	1.771	0.281
创新意识	1.00	2.67	1.763	0.458
公关力	1.00	2.57	1.751	0.379
系统思维	1.29	2.44	1.745	0.242
激励授权	1.00	2.00	1.744	0.319
应变力	1.00	2.33	1.737	0.316
人文社科知识	1.00	3.00	1.720	0.447
过程管理	1.00	2.20	1.718	0.351
分析判断	1.05	2.17	1.706	0.245
内省	1.13	2.00	1.676	0.246
关注细节	1.00	2.75	1.620	0.546
全局观念	1.00	2.40	1.587	0.419
法律知识	1.00	2.00	1.544	0.359
信息处理	1.00	2.20	1.534	0.455
公关知识	1.00	2.00	1.458	0.377
自我控制	1.00	2.00	1.417	0.491

（三）最高等级分数的描述性统计

各胜任特征的最高等级分数统计结果见表3-10。

表3-10　胜任特征最高等级分数描述性统计

胜任特征　　　　特征值	最大值	M	SD
自信	21.00	5.813	6.463
分析判断	27.00	4.781	6.680
责任心	27.00	3.938	6.960
战略思考	15.00	3.938	4.272
行动力	24.00	3.750	5.951
进取心	21.00	3.469	5.605
成就导向	33.00	3.375	6.932

· 87 ·

胜任特征　　　特征值	最大值	M	SD
以人为本	42.00	3.281	8.077
系统思维	15.00	3.281	4.531
公关力	27.00	3.094	6.397
影响力	18.00	3.094	4.276
专业知识	12.00	2.813	3.728
目标管理	21.00	2.719	5.075
育人情怀	27.00	2.625	5.428
敬业精神	15.00	2.438	4.134
批判性思维	12.00	2.156	3.511
决策力	21.00	2.156	4.833
心胸宽广	15.00	1.969	3.780
过程管理	12.00	1.781	2.837
创新意识	9.00	1.781	2.733
全局观念	24.00	1.594	4.696
凝聚力	15.00	1.594	3.047
模范带头	12.00	1.594	2.950
服务意识	21.00	1.499	3.959
教育管理知识	12.00	1.313	2.945
关注细节	9.00	1.219	2.837
人文社科知识	12.00	1.219	2.511
效率感	15.00	1.031	3.374
正直	9.00	1.031	2.102
学习力	6.00	0.656	1.473
市场意识	3.00	0.656	1.260
激励授权	6.00	0.656	1.473
应变力	6.00	0.656	1.473
信息处理	6.00	0.563	1.413
内省	6.00	0.563	1.413
权限意识	3.00	0.375	1.008
公关知识	3.00	0.094	0.530
自我控制	0.00	0.000	0.000
法律知识	0.00	0.000	0.000

备注：最小值均为 0。

由上可知，从频次指标看，均值最大的是"分析判断"，达到了 26.625，其次是"系统思维"和"自信"，均在 15.0 以上。最低的不足 1.0，分别是"公关知识"和"自我控制"，表明这两项特征极少被涉及。其余的 34 个胜任特征介于两者之间。根据已有的相关研究经验，对要素单项指标的界值确定尽管没有统一的规定，但是通常以不低于编码词典胜任特征数目的半数为宜，具体到本研究中，共有专业知识、教育管理知识等 22 项要素的平均值达到了 4.4 以上。同理，从最高等级分数单项指标看，达到 1.5 以上的要素共有自信、分析判断等 23 项。从平均等级分数看，模范带头、效率感等 19 项要素在 1.8 以上，见表 3-11。

表 3-11 描述性统计结果汇总表

序号 胜任特征	频次（≥4.4）	平均等级分数（≥1.8）	最高等级分数（≥1.5）
1	分析判断		分析判断
2		模范带头	模范带头
3	系统思维		系统思维
4	自信	自信	自信
5	战略思考		战略思考
6	公关力		公关力
7	专业知识		专业知识
8	目标管理	目标管理	目标管理
9	进取心	进取心	进取心
10	责任心	责任心	责任心
11	成就导向		成就导向
12	以人为本		以人为本
13	育人情怀	育人情怀	育人情怀
14	批判性思维	批判性思维	批判性思维
15	影响力	影响力	影响力
16	行动力	行动力	行动力
17	敬业精神	敬业精神	敬业精神
18	凝聚力	凝聚力	凝聚力
19	创新意识		创新意识
20	全局观念		全局观念
21		决策力	决策力

续表

序号 胜任特征	频次（≥4.4）	平均等级分数（≥1.8）	最高等级分数（≥1.5）
22		心胸宽广	心胸宽广
23	内省		
24	教育管理知识		
25	应变力		
26		效率感	
27		学习力	
28		正直	
29		权限意识	
30		市场意识	
31		服务意识	
32			过程管理
合计	22	19	23

五、差异检验

（一）绩优组与普通组胜任特征频次差异检验

统计汇总各胜任特征频次，对绩优组和普通组进行比较，其结果见表3-12。

表3-12　不同组别胜任特征发生频次差异比较分析

胜任特征 特征值	普通组		优秀组		t	p
	M	SD	M	SD		
专业知识	7.125	3.481	11.313	7.199	-2.095	0.045
教育管理知识	5.750	3.531	7.125	3.667	-1.080	0.289
人文社科知识	4.625	3.793	4.000	5.562	0.371	0.713
公关知识	0.563	1.031	1.188	1.642	-1.290	0.207
法律知识	0.875	0.885	1.500	1.317	-1.576	0.126
系统思维	15.875	5.999	15.250	5.592	0.305	0.763
战略思考	9.688	4.686	12.563	5.379	-1.612	0.118
分析判断	24.688	8.761	28.563	12.796	-0.999	0.327
目标管理	8.875	4.897	7.375	4.856	0.870	0.391
过程管理	4.313	3.459	4.125	3.202	0.159	0.875

续表

特征值 胜任特征	普通组		优秀组		t	p
	M	SD	M	SD		
决策力	3.250	1.844	4.375	4.745	-0.884	0.384
应变力	4.125	2.579	4.750	3.376	-0.588	0.561
行动力	5.375	2.553	5.938	5.2855	-0.383	0.705
学习力	2.813	4.199	1.625	2.500	0.972	0.341
公关力	7.688	6.887	11.188	9.189	-1.219	0.233
激励授权	3.250	2.517	1.750	1.983	1.873	0.071
育人情怀	8.313	3.945	4.875	3.981	2.453	0.020
信息处理	1.750	1.483	3.250	5.235	-1.103	0.279
自我控制	0.438	0.814	0.125	0.342	1.416	0.167
敬业精神	4.563	2.707	5.563	3.010	-0.988	0.331
全局观念	5.125	3.074	3.875	2.062	1.351	0.188
服务意识	3.125	2.964	3.250	2.490	-0.129	0.898
创新意识	3.875	2.849	5.250	3.474	-1.224	0.231
责任心	8.563	6.693	6.688	5.003	0.898	0.377
进取心	8.125	5.560	7.250	4.058	0.508	0.615
模范带头	2.313	2.387	2.000	2.338	0.374	0.711
自信	13.625	6.065	16.813	4.324	-1.712	0.098
正直	4.188	3.082	3.188	3.885	0.807	0.427
心胸宽广	3.250	2.206	2.063	1.181	1.898	0.067
凝聚力	5.188	4.004	4.188	2.994	0.800	0.430
影响力	6.000	4.050	5.813	4.535	0.123	0.903
批判性思维	4.125	3.117	8.125	6.479	-2.225	0.034
以人为本	7.750	5.756	5.938	4.203	1.017	0.318
权限意识	2.250	2.236	2.500	1.211	-0.393	0.697
关注细节	2.375	2.217	2.063	2.294	0.392	0.698
市场意识	2.375	2.729	3.813	3.188	-1.370	0.181
成就导向	5.750	4.768	9.188	3.270	-2.378	0.025
效率感	1.188	0.981	1.563	2.097	-0.648	0.522
内省	7.438	3.881	7.438	3.224	0.000	1.000
总频次	220.563	68.933	237.438	68.066	-0.697	0.491

结果表明，绩优组与普通组总体不存在显著性差异。在具体的胜任力要素方面，专业知识、育人情怀、批判性思维和成就导向等4项胜任特征存在显著差异。

（二）绩优组与普通组胜任特征平均等级分数差异检验

表3-13　不同组别胜任特征平均等级分数差异比较分析

胜任特征	普通组		优秀组		t	p
特征值	M	SD	M	SD		
专业知识	1.665	0.501	1.891	0.381	−1.438	0.161
教育管理知识	1.728	0.368	1.811	0.167	−0.796	0.436
人文社科知识	1.617	0.391	1.831	0.491	−1.246	0.225
公关知识	1.133	0.183	1.691	0.295	−3.712	0.004
法律知识	1.611	0.417	1.483	0.309	0.753	0.464
系统思维	1.738	0.286	1.751	0.199	−0.145	0.886
战略思考	1.647	0.363	1.909	0.270	−2.312	0.028
分析判断	1.651	0.267	1.762	0.216	−1.298	0.205
目标管理	1.682	0.312	1.976	0.249	−2.946	0.006
过程管理	1.671	0.346	1.758	0.362	−0.673	0.506
决策力	1.968	0.506	2.108	0.370	−0.860	0.398
应变力	1.623	0.312	1.850	0.285	−2.009	0.055
行动力	1.817	0.474	1.788	0.421	0.181	0.858
学习力	1.825	0.677	1.875	0.582	−0.178	0.861
公关力	1.592	0.314	1.889	0.386	−2.326	0.028
激励授权	1.727	0.244	1.767	0.417	−0.267	0.794
育人情怀	1.908	0.353	1.977	0.343	−0.549	0.588
信息处理	1.514	0.536	1.565	0.316	−0.254	0.802
自我控制	1.625	0.479	1.000	0.000	2.611	0.080
敬业精神	1.682	0.459	1.961	0.344	−1.948	0.062
全局观念	1.646	0.409	1.529	0.432	0.781	0.441
服务意识	1.817	0.558	1.815	0.194	0.015	0.988
创新意识	1.646	0.487	1.859	0.425	−1.242	0.226
责任心	2.009	0.277	2.056	0.300	−0.456	0.651
进取心	1.975	0.179	2.035	0.377	−0.570	0.573
模范带头	1.986	0.190	2.200	0.531	−1.202	0.254

续表

特征值 胜任特征	普通组		优秀组		t	p
	M	SD	M	SD		
自信	1.856	0.192	2.009	0.258	-1.898	0.068
正直	1.699	0.395	1.991	0.342	-2.165	0.039
心胸宽广	2.048	0.555	2.006	0.266	0.253	0.802
凝聚力	1.923	0.191	1.947	0.185	-0.353	0.727
影响力	1.850	0.385	2.037	0.454	-1.211	0.237
批判性思维	1.847	0.240	1.828	0.225	0.220	0.828
以人为本	1.763	0.425	1.802	0.327	-0.287	0.776
权限意识	1.921	0.144	1.927	0.533	-0.046	0.964
关注细节	1.617	0.598	1.623	0.493	-0.030	0.976
市场意识	1.676	0.331	1.910	0.184	-2.000	0.066
成就导向	1.642	0.508	1.902	0.302	-1.764	0.087
内省	1.969	0.400	2.138	0.501	-0.845	0.410
效率感	1.661	0.216	1.691	0.278	-0.343	0.734
平均等级总分	59.341	9.374	62.173	8.463	-0.897	0.377

　　由上可知，绩优组和普通组总体不存在显著性差异，但在公关知识、战略思考、目标管理、公关力、正直等5项胜任特征上存在显著差异。

（三）绩优组与普通组胜任特征最高分数差异检验

表3-14　不同组别胜任特征最高等级分数差异比较分析

特征值 胜任特征	普通组		优秀组		t	p
	M	SD	M	SD		
专业知识	2.063	3.415	3.562	3.982	-1.144	0.262
教育管理知识	2.063	3.906	0.562	1.209	1.467	0.153
人文社科知识	1.125	1.857	1.312	3.092	-0.208	0.837
公关知识	0.000	0.000	0.187	0.750	-1.000	0.325
法律知识	0.000	0.000	0.000	0.000	-0.115	0.909
系统思维	3.188	5.192	3.375	3.930	-2.728	0.011
战略思考	2.063	3.234	5.812	4.445	-1.368	0.181
分析判断	3.188	4.166	6.375	8.333	-2.091	0.045
目标管理	0.938	2.379	4.500	6.387	0.933	0.361

续表

特征值 胜任特征	普通组		优秀组		t	p
	M	SD	M	SD		
过程管理	2.250	3.549	1.312	1.887	−1.452	0.157
决策力	0.938	1.436	3.375	6.561	−1.083	0.287
应变力	0.375	1.024	0.937	1.806	−1.072	0.295
行动力	2.625	4.080	4.875	7.338	−2.850	0.008
学习力	0.938	1.436	0.375	1.500	−0.355	0.725
公关力	0.188	0.750	6.000	8.124	1.388	0.175
激励授权	0.563	1.209	0.750	1.732	−0.745	0.463
育人情怀	3.938	7.159	1.312	2.441	−1.576	0.126
信息处理	0.375	1.024	0.750	1.732	1.254	0.220
自我控制	0.000	0.000	0.000	0.000	1.074	0.298
敬业精神	1.313	3.789	3.562	4.273	−0.969	0.340
全局观念	2.625	6.469	0.562	1.209	0.000	1.000
服务意识	2.250	5.422	0.750	1.341	−0.093	0.926
创新意识	1.313	2.891	2.250	2.569	−0.896	0.377
责任心	3.938	6.903	3.937	7.243	−2.481	0.019
进取心	3.375	6.280	3.562	5.046	−0.248	0.806
模范带头	1.125	3.074	2.062	2.839	1.275	0.212
自信	3.188	5.306	8.437	6.592	0.867	0.396
正直	0.938	1.806	1.125	2.419	−0.367	0.716
心胸宽广	2.813	4.956	1.125	1.857	−1.712	0.097
凝聚力	2.063	3.906	1.125	1.857	0.194	0.848
影响力	2.813	4.578	3.375	4.080	−2.236	0.033
批判性思维	1.125	2.418	3.187	4.166	0.184	0.855
以人为本	3.563	10.404	3.000	5.138	−1.275	0.212
权限意识	0.000	0.000	0.750	1.341	−0.453	0.654
关注细节	1.313	2.676	1.125	3.074	−1.439	0.161

续表

胜任特征＼特征值	普通组		优秀组		t	p
	M	SD	M	SD		
市场意识	0.375	1.024	0.937	1.436	-1.534	0.136
成就导向	2.813	8.231	3.937	5.555	-1.144	0.262
效率感	0.188	0.750	1.875	4.631	1.467	0.153
内省	0.188	0.750	0.937	1.806	-0.208	0.837
最高等级总分	64.125	93.285	93.000	78.719	-0.946	0.352

同样，绩优组与普通组在总体上不存在显著性差异，但在系统思维、分析判断、行动力、责任心、影响力等 5 项胜任特征上存在显著差异。

六、高职院校校长胜任力模型建构

模型是所研究的系统、过程、事物或概念的一种表达形式，也可指根据实验、图样放大或缩小而制作的样品，一般用于展览或实验或铸造机器零件等用的模子。[1] 我国著名物理学家钱学森曾这样形象地描述过模型的概念："模型就是通过我们对问题的分析，利用我们考察来的机理，吸收一切主要因素，略去一切次要因素所创造出来的一幅图画"。[2] 传统上，胜任力模型（Competency Model）是指担任某一特定的任务角色需要具备的胜任特征的总和，它是针对特定职位表现要求组合起来的一组胜任特征。[3] 与传统上对模型的界定类似，本研究的高职院校校长胜任力模型是指构成高职院校校长胜任力所有要素的集合。当然要穷尽"所有"理论上可行，但实际上或许并不可能，所以更客观地讲应该是主要要素的集合。概而言之，就是将高职院校校长胜任力主要要素用一种比较简洁、形象、通俗的方式进行表征，从而使之更为直观明了。因此，要建构胜任力模型，首先需要确定构成高职院校校长胜任力的主要要素。

根据上述数据分析情况（见表 3 - 10），尤其是最为稳定的平均等级分数

---

[1] 模型 [EB/OL]. http：//baike.baidu.com/link？url = zSD6JEolPsVoA0Tg99CDWg3IIgS5ta2t_ ag-oZVZRHzy – lXLSh8K5lSNxEi – kEPO3，2014 – 4 – 18.

[2] 如何构建物理中的理想模型 [EB/OL]. http：//hi.baidu.com/cachy1979/item/8c0a87379f84b7f02784f403，2009 – 3 – 9.

[3] 徐建平. 教师胜任力模型与测评研究 [D]. 北京师范大学博士论文，2004：7.

统计结果，结合访谈校长对这一问题的见解（参见本章"第四节分析与讨论"访谈校长对胜任校长工作需要具备的核心要素的回答），本研究确定高职院校校长胜任力主要特征是专业知识、系统思维、全局观念、战略思考、目标管理、分析判断、决策力、行动力、公关力、育人情怀、敬业精神、责任心、进取心、批判性思维、模范带头、自信、心胸宽广、凝聚力、影响力、创新意识、以人为本、成就导向等共计22项要素，见表3－15。

表3－15　高职院校校长胜任力要素

类别	要素	类别	要素
知识类（1）	专业知识	素养类	心胸宽广
才能类（8）	系统思维		凝聚力
	战略思考		影响力
	分析判断		以人为本
	批判性思维	度类（6）	敬业精神
	目标管理		全局观念
	决策力		创新意识
	行动力		模范带头
	公关力		责任心
			进取心
素养类（6）	自信	动机类（1）	成就导向
	育人情怀		

这些要素的概念尽管已经事前在《编码词典》中进行了定义，但一方面，它仅仅是提供了一个基本的概念框架，或者说是为模型建构工作提供了一个起点，"最终建构的模型不会受一般胜任力词典的制约"。❶ 另一方面，"'概念'必须来源于原始资料"。❷ 有鉴于此，笔者又"带着"这些初步确定的概念重新回到原始文本中并多次往复，试图"找到丰富的资料内容作为依据"。以其中的"影响力"要素为例，其简要过程如下。

首先尝试对《编码词典》中的"影响力"进行初步定义。所谓影响力，是指一个人在与他人交往活动中影响和改变他人心理及行为的能力。❸《现代

---

❶ 徐建平. 教师胜任力模型与测评研究［D］. 北京师范大学博士论文，2004：27.

❷ 吴继霞，黄希庭. 诚信结构初探［J］. 心理学报，2012，44（3）：363.

❸ 简伟雄. 领导影响力问题研究［J］. 领导科学，2011（2）：84.

汉语词典》（2002 年增补本，商务印书馆）对"影响"的释义是"对别人的思想或行动起作用"或"对人或事物所起的作用"。"力"指力量、能力。因此组合词"影响力"不外乎就是指对人的思想或行动以及事物所起作用的大小。尽管每一个个体都能给予与之联系的人施以一定的影响力，但通常而言，影响力的作用主体主要是指领导者，是领导者实施领导行为的结果反映，以至于有人认为"领导的实质就是影响别人"。事实上在很多情况下，"权力（Power）与影响力的概念可以互换"❶ 美国著名经济学家 Pfeffer 也持同样的观点，他认为"权力就是影响行为、改变事情的进程、克服阻力和让人们进行他们本不会做的事情的潜在的力量"。❷ 哈罗德·孔茨也曾说过，"领导是一种影响力，或叫做对人们施加影响的艺术过程，从而使人们心甘情愿地为实现群体或组织的目标而努力"，❸ 美国管理学家亨利·艾伯斯甚至这样认为，"领导没有影响力，一个组织不论是学校、企业、军队，还是国家就不能生存"❹。高职院校校长是领导者之一，因此其影响力与通常的领导者一样，一般由权力影响力和非权力影响力组成。前者又称强制性影响力，它是基于领导者手中的权力而相应产生的，主要表现为命令与服从，具有不可抗拒性。通常由三方面因素构成：传统因素，指人们对于"官"的畏惧和服从；职位因素，指职位赋予的个人左右下级的力量；资历因素，指因个人历史原因而形成的对他人的影响。❺ 后者是领导者凭借个人的品德、能力、知识、情感等因素对被领导者产生的非强制性影响力，是领导者个人素质的综合体现。❻ 非权力影响力的特点是它的自然性，所谓"其身正不令而行，其身不正虽令不从"正是这种影响力的生动刻画，所以与权力影响力相比，非权力影响力尽管作用方式不直接，但往往作用更持久、效果更显著。结合以上的分析，本研究对"影响力"概念预设的定义就是"说服或影响他人接受某一观点并改变其行为的能力"。根据其行为表现的程度分为三个不同的等级，从低到高依次是：一级：能陈述相关事实，可以运用直接证据支持个人观点从而说服对方作出承诺或保证；二

---

❶ 中国科学院"科技领导力研究"课题组. 领导影响力研究［J］. 领导科学，2006（12）：30.

❷ 中国科学院"科技领导力研究"课题组. 领导影响力研究［J］. 领导科学，2006（12）：30.

❸ 吴维库，等. 基于价值观的领导［M］. 转引自简伟雄，领导影响力问题研究［J］. 领导科学，2011（2）：84.

❹ 田季生. 高校管理中非权力性影响力结构分析——以领导班子为视角［J］. 黑龙江高教研究，2009（8）：16.

❺ 中国科学院"科技领导力研究"课题组. 领导影响力研究［J］. 领导科学，2006（12）：30.

❻ 蒋朝霞. 试论领导者非权力影响力及其提高的途径［J］. 中共南宁市委党校学报，2002（3）：14.

级：能预期他人的反应并根据需要运用适当的策略应对并说服他人；三级：运用间接影响和复杂的技巧去引导群体采取具体行动。

接下来的问题是，上述的预设是不是与客观事实相吻合呢？高职院校校长们又是如何发挥影响力的呢？不难想象，结果很难一概而论，不同的领导者往往有其不同的方式。Kipnis 等人的研究表明❶，如果将这些影响方式中的共同特征进行归类，领导者对于下属使用的影响方式，按照其使用频率的高低，从高到低依次是合理化、硬性指标、友情、结盟、谈判、高层权威和规范的约束力等 7 种技巧。合理化，就是用事实或数据使要表达的想法符合逻辑或显得合理；硬性指标，指直接使用强制的方式，如要求服从、重复提醒、命令；友情，提出请求之前，先进行赞扬，表现出友好而谦恭的态度；结盟，争取组织中他人的拥护以使他人支持自己的要求；谈判，通过谈判使双方都受益；高层权威，指从上级处获得支持来强化要求；规范的约束力，运用组织制定的奖惩规定，如加工资与否、是否能获得良好的绩效评估或停止晋升等。国内学者谢晓非、陈文锋进行的同类问题的本土化研究表明，管理者对下属施加的个人影响力作用按照从大到小的顺序分别是个人风格、权力规范和相互关系。说明管理人员影响下属主要依赖自身魅力，注重非正式权威的作用发挥，其次才是权力规范，再次是利用双方的相互关系。也就是说无论中外，领导者影响力的发挥都是优选建立在理性基础上的说服与个人魅力的施展，其次才是正式权力的登场。

那么，当下的高职院校校长们是不是也是这样呢？我们回到原始资料中的分析表明，答案其实并不完全一致。高职院校校长发挥影响力的方式大体上有这样几类：

1. 身先士卒，用自己的实际行动去感化他人、获得支持并改变其行为

这是在受访校长中最为常见的一种影响方式，既不同于 Kipnis 影响策略中的任何一项，也不等同于谢晓非等人归纳的"个人风格"。例如：

问：您作为一把手校长，在贵校的精品课程建设当中，您具体是做了什么？

F1：我关注的实际是顶层设计。我在学校里提出来，只有管理者的真懂真抓，才有教师的真心真做，有了教师的真心真做才有学生的真学真

---

❶ 谢晓非，陈文锋. 管理者个人影响力的测量与分析 [J]. 北京大学学报（自然科学版），2002，38（1）：128.

会。从我来讲，我要求包括我们的教学副校长、教务处长要研究，我们要懂。我们不懂，我们怎么抓呢？我们要真懂真抓。我们要让老师相信，所以我们在老师当中，就是我当了一把手校长以后，我也是在老师当中搞过多次讲座，包括暑期培训班，我带几十个老师到宜兴、天目湖（等地）去，我们利用假期在研讨这些东西，我亲自来给他们做讲座，来给他们讲这些东西。要让老师相信你抓的这个事情是有道理的，相信你讲的人才观、质量观是对的。

该校长带头学习课程理论、带头研究人才培养规律，组织教师开展研讨并亲自讲课，用自己的实际行动去影响他人并试图获得支持，具有比较明显的"身先士卒"的影响特征。

F3：原来我在大学里做过系主任，做过（二级学院）党委的书记，大学生的宿舍是很脏的，我们现在学生宿舍超过了大学。每天早晨我们所有的老师，从我们开始，一进学校，第一个事情就是进学生宿舍。因为我每天早上还有三层楼的督查任务的，我检查我这三层，学生的卫生怎么样、被子有没有叠、地上有没有拖、走廊里干净不干净？所以每天早上在我去之前，他们有一个流程，有一个中层干部负责打分，每天记录下来打分评价，所以各个系呢，为了把自己的工作做好，他班主任、系主任在我们检查评分之前首先把工作已经做了。

该校长有过在普通大学基层领导工作经验，担任高职院校校长后，身先士卒，每天从学生宿舍的卫生工作抓起，亲自承担三层楼卫生的督查任务。在他的带动影响下，从班主任到系主任都纷纷行动起来，从而在全校织成了一张纵横有致的学校管理的"大网"。

F5：这个文化的建设我觉得呢是作为一个校长是应该要做的，而且实践下来以后我觉得有效果，大家能够有共同的认同感了，有一种归宿感，有一种认同感，做比不做好，做与不做不一样。

正是该校长对学校文化建设重要性的主动感知并亲身投入，才有了学校后来的校园文化特色的彰显并由此影响、带动了学生的进步和学校的良性发展。

F8：所以我们正常听课每周下来，听课人怎么评价的我都看，他们发给我的我都看。这样看了我就觉得面上怎么样，也是一种示范效应。所以我本人就直接分管督导室，因为你教学副校长再分管，自己监督自己就不行，而且我现在的督察室有很大的权威，这个权威不是说压着大家必须服从你，（而是）他心服口服。

该校长抓住听课这个重要的环节，不仅自己亲自去听，而且亲自分管组织听课的部门——督导室，了解并时时把握学校课堂的动态，无形中形成了示范效应，对提升教育教学质量影响范围广、效果好。

F16：周部长对我们学校确实很看好，他在 04 年 6 月份，全国职教会议在南京开的，最后一站就是到我们学校来参观的，当时带了所有会议代表大概有几百人吧，各部的副部长、各个省的省长啊、校长啊之类的。那次参观给他留下了很深的印象。他一来他就讲，他说这个至立部长多次在这个我们部务会上提到你们学校，今天我来看看，果然名不虚传。

可以说这是校长领导学校发挥其影响力的一个典型。该校的办学特色让时任教育部长的陈至立多次在教育部部务会上提及，足以证明其不同寻常之处，由此带来的正向效应和办学成效使该校以一所民办高职院校的身份成功进入国家示范性高职院校行列。

2. 能运用一定的策略陈述相关事实，试图说服对方使其作出相应行为改变

这种方式也就是类似 Kipnis 影响策略中使用最为频繁的"合理化"方式。例如：

F1：有的事情你是对的，你要坚持，有的事情即使你是对的，你坚持，但你还要和人家沟通、解释，让人家来理解和支持你。在动员大会上，我印象非常深的，而且非常感动的是有两次报告，我还没有讲完，全场长时间掌声打断了我，我讲不下去了。一个是我结合当时的"八荣八耻"讲的，"以相互支持为荣，以相互推诿为耻"，"以学校利益为荣，以小集团利益为耻"。当时我记得掌声雷动啊，然后我站起来鞠了个躬以后再坐下来再讲的。还有一次大会是什么呢？是在分析了我们的现状，分析了我们的评估，我就讲我们再唱一次中华人民共和国国歌，借用国歌，讲到"＊＊学院到了最危险的时候，每个人都被迫发出最后的吼声，起来，起来，起来，我们万众一心，向着我们的目标前进，前进，前进"，当时也是掌声雷动。

可以看出该校校长不仅对办学目标和方向认识得很清楚，而且能够坚持自

己的判断，同时在实际工作中又善于结合形势，运用正式场域的报告和非正式场域的解释沟通等策略去影响他人、获得支持、成就事业。

F7：你（注：此处的"你"实际上指受访校长自己）知道这件事做的是对的，但是不是所有人都认为是对的，那怎么办？要讨论，把这个思想要拔过来。

该校长施加影响力的方式与 F1 可谓"不约而同"。

F16：基本上在每一个大型的会议上，我们学校都是一个案例，或者是我主持一个大的报告说专业或者说一些什么东西，关于如何来面对媒体这种报告，包括我们＊院长（注：该学院的一位副院长）也做过这个专业建设与产业合作的，我们的老师也做过精品课程和那个远程视频教学的那些东西。

这是校长影响力得以放大、扩展的一个范例，也是校长实施有效领导的结果反映。

3. 以独到的判断、创新的举动以及实际的效果去让他人心服口服，从而达到持久影响的效果

这实际上也是一种建立在事实基础上的影响方式，与上文的不同之处在于此处的事实不是间接的陈述，而是直接的呈现，因而影响效果更为显著。例如：

F2：很多年前我们就坚持把老师送到企业，送到企业的具体岗位，要干就干半年以上，至少一个学期，这样老师对行业、对企业也有一个比较深刻的了解，再加上领导的和行业的变化和引领，他们自然而然就接受你这种观念，或者接受你这种思维，这样就逐步形成了一种良性的发展。

职业教育的本质特点要求其办学要实现"跨界"，即走进基层、走进企业、走向实践，正是基于这样的理解和判断，使该校校长作出了这样一个创新的决策并收到了实效。

问：那么提出"五维素质教育"❶是基于什么样的考虑，它的背景是什么？

---

❶　注释：这是受访学校独自提出的从课堂教学、社团活动、行为引领、劳动和社会实践等五个维度来教育学生、影响学生、提升学生的举措，简称"五维素质教育"。

F3：当时呢，这个背景就是说社会现在对学生的要求，企业对学生的要求，也是从企业满意引申出来的。第二个启发是，我们当时在全国烹饪技能大赛，我们首先提出有两个一百分。后来全国技能烹饪大赛也采用了我们这一理念，技能操作一百分，过程要一百分。为什么？我们现在烹饪浪费原材料太多，你比如切个土豆，他为了切得方便，四边一起切，只剩中间一块，就不需要削皮了，你说这个浪费太严重。有的鱼它就需要一点点，其余都不要了，浪费太严重。

校长管理学校不仅需要实践创新，而且需要理念创新、理论创新，后者常常覆盖面更广、影响力更大。

F6：我在这个骨干院校建设中我搞了一个项目，一个重点项目，就是打造海上教学工厂，就是一个生产性的实习船。为了这个生产性的实习船，当时我们在定项目的时候，我是主创人员之一，在整个项目组内，不是每个人都认可的。现在大家都说这个好，当初不是每个人都认可的，但是我考虑这个问题是经过深思熟虑的。

往往众人都赞成的事情好做，一部分人赞成、一部分反对的事情做起来有难度，很多人都不赞成的事情最难做。而高明的领导、有远见的领导往往能够将最难做的事情做成功，这是校长影响力发挥成效的最好反映。

F10：＊＊机器人智能装备应用技术研究中心，我们建的。这个建成之后应该说所有到我学校来的，兄弟学校的领导也好，老师也好，包括媒体的，包括领导，来看了之后都感觉比较震撼。

正是抓住了大家非常关注又必需的事情并且成功去做了，所以才会有引发他人"震撼"的良好效果。该校的这个事实告诉我们，只有敢于创新、勇于实践，才能开风气之先、领发展之衔。

F12：我们现在学校的课程有四个部分来组成：一个是素质课程、职业素质课程，一个是职业能力课程，一个是专业基础，一个是个性发展，我们把专业分成这么四大块。那么把课程等于是重整，这个重新组合。在这个过程当中我们把素质教育贯穿到始末，那么这个项目呢，我们也获得了江苏省的教学成果一等奖，我们在今年应该是第七年还是第八年了吧，至少是第七年了，在这块应该来讲虽然有不少非议，对我们这种课程的构造有一些不同的意见，但是对这种教育的方法、方式、这种体系还是得到比较多的认可。

持之以恒坚持做自己认为正确的事终究会得到认可，该校的这个事实就是最好的证明。

4. 权力的使用

这是与 Kipnis 策略中的"硬性指标"、"规范的约束力"和谢晓非等人总结的"权力规范"类同的方式，说明领导者施加影响力的过程中，尽管权力性影响力不是优选项，但是却是必不可少的选择之一，并一定程度上能够保证目标成果的实现。例如：

> F6：工作上我从来都不留情面，还有一些自己有些过分的要求在我这都行不通的。不是说你来给我送个东西，你来给我送点好处，这个没用的。我的老师在外面，都应该对我还不错的，所以听外面有人说，你在学校里边很有凝聚力的。

该校长的经历说明，权力在领导过程中不可滥用，但也不可不用。尽管"权力的使用"或许是校长们不得已的选项，但是往往能够起到其他影响方式所不能达到的作用和效果。

由上可以看出，概念预设的要义尽管和其应然要义大致相同，但与实际的情况并不完全吻合。比如在校长所有的影响力方式中并未可见运用"复杂的技巧去引导群体采取具体行动"，由此本研究最终将"影响力"要素定义修正为：自身用实际行动或根据需要运用适当策略以及使用权力规范使他人接受某一观点并改变其行为的能力。以此类推，据此确定高职院校校长胜任力主要特征要素及其定义，见表3-16。

表3-16　高职院校校长胜任力要素

序号	要素名称	定义
1	专业知识	个体与环境相互作用获得的某领域相对稳定的系统化知识
2	系统思维	以系统论为基础的一种思维方法，从认识对象的整体视角出发分析关联要素间的复杂关系，并以此作为选择和制定相应方案的依据
3	全局观念	从组织整体和系统长远的视角出发进行思考、决策和行动的认识方式
4	战略思考	为求得组织长期生存和不断发展而进行的基于宏观层面的总体性谋略，具有全局性、长远性和纲领性特点
5	分析判断	从已知的事实和现象进行推理并作出结论，力图把握事情的本质

续表

序号	要素名称	定义
6	批判性思维	不带预设地考察任何信念或被假定的知识形式，洞悉支持它的理由以及它所指向的结论并独立作出判断的思维方式和技能
7	目标管理	预先设定标准并努力达成的一种管理方法
8	决策力	基于已知信息进行判断并付诸行动以便达到特定目标的能力
9	行动力	为实现目标采取特定行动的能力。行为的主动性高，不怕困难和挫折，具有一定的冒险精神
10	公关力	具有的有目的、有计划地为改善或维持公共关系状态的能力
11	育人情怀	关注他人的动态，注意挖掘他人的潜能和可塑性，并采取实际举措帮助他人进步成长的意识胸怀
12	敬业精神	基于自我认识基础上的个人不断调整自己的言行以使其符合组织利益和要求的自觉行为和精神境界，其本质是奉献
13	创新意识	人们根据社会和个体生活发展的需要，引起创造新事物或新观念的动机，并在创造活动中表现出的意向、愿望和设想
14	责任心	认识到自己的工作对组织目标实现的重要性，自觉履行自己的职责和义务，对自己的行为负责
15	进取心	不满足现状，善于为自己设定更高的目标并渴望有所建树，勇于接受挑战
16	模范带头	先于他人行动并起表率作用
17	自信	相信自己具有完成特定任务或实现特定目标的信念
18	心胸宽广	个体具有的心性坦率、视野宽、气量大、接受力强的心理特性
19	凝聚力	为实现群体目标带领群体成员团结协作的程度
20	影响力	自身用实际行动或根据需要运用适当策略以及使用权力规范使他人接受某一观点并改变其行为的能力
21	以人为本	尊重人并主动考虑他人的需要及感受，追求组织成员与组织利益的协同发展的意识及行为
22	成就导向	对成功有强烈的渴求，为自己及所管理的组织设立目标并努力践行的动机与愿望

上述要素中，哪些是优秀高职院校校长具有的胜任力要素、哪些是合格高职院校校长具有的胜任特征呢？根据前述差异检验的结果，不同绩效组在总频次、平均等级分数和最高等级分数存在显著差异的情况见表3－17。

表3-17 差异显著的胜任力要素

要素 ＼ 数值	平均等级分数		最高等级分数		总频次	
	t	p	t	p	t	p
战略思考	-2.312	0.028				
目标管理	-2.946	0.006				
公关力	-2.326	0.028				
系统思维			-2.728	0.011		
分析判断			-2.091	0.045		
行动力			-2.850	0.008		
责任心			-2.481	0.019		
影响力			-2.236	0.033		
专业知识					-2.095	0.045
育人情怀					2.453	0.020
批判性思维					-2.225	0.034
成就导向					-2.378	0.025

t 检验结果表明，以总频次为指标，绩优组和普通组在"专业知识、育人情怀、批判性思维、成就导向"等4个指标上存在显著差异。其中"专业知识、批判性思维、成就导向"三个要素，均是绩优组高于普通组。而"育人情怀"则是普通组高于绩优组。以平均等级分数为指标，绩优组和普通组在"战略思考、目标管理、公关力"等3个要素上存在显著差异，而且绩优组的平均分数均高于普通组。以最高等级分数为指标，绩优组和普通组在"系统思维、分析判断、行动力、责任心、影响力"等5个要素上存在显著差异，同样也是绩优组高于普通组。

结合以上的分析，尤其是平均等级分数这一指标的情况，本研究确定构成合格高职院校校长胜任力的要素有"全局观念、决策力、育人情怀、敬业精神、进取心、模范带头、自信、心胸宽广、凝聚力、创新意识、以人为本"等11项。这些要素是胜任高职院校校长岗位必需的基本条件。从这些要素的类别来看，大多集中在素养类（5项）和态度类（5项），换言之，决定能否胜任校长岗位的基本条件和要求，首当其冲的不是知识掌握的多寡，也不是才能的高下，更为关键的是当事者的素养和态度，这个特征和人们的常规认识是比较一致的，向部分专家咨询的结果也证实了这一点。

同理，本研究确定的优秀高职院校校长胜任力要素有"专业知识、战略思考、目标管理、公关力、系统思维、分析判断、行动力、责任心、影响力、批判性思维、成就导向"等11项，这些特征表明，作为高职院校校长除了必备的素养和应有的态度外，要能够产生更高的工作绩效，需要持有"成就导向"的动机意识，同时要掌握一定的"专业知识"，具备多样化的才能，才有可能实现目标。

据此确定的合格高职院校校长胜任力要素和优秀高职院校校长胜任力要素，见表3-18。

表3-18　高职院校校长胜任力要素

类别	构成要素
合格高职院校校长胜任力要素（11项）	全局观念、决策力、育人情怀、敬业精神、进取心、模范带头、自信、心胸宽广、凝聚力、创新意识、以人为本
优秀高职院校校长胜任力要素（11项）	专业知识、战略思考、目标管理、公关力、系统思维、分析判断、行动力、责任心、影响力、批判性思维、成就导向

那么，合格高职院校校长胜任力要素与优秀高职院校校长胜任力要素之间是怎样的关系呢？从前面高职院校校长胜任力概念辨析不难推断，一方面，两者之间是递进的关系，即"合格"是校长岗位的基准性条件，"优秀"是建立在"合格"基础上的提高性阶段。另一方面，"合格"与"优秀"两者又是不能截然分离的统一体，两者相互依存，共同构成高职院校校长胜任力"分离的整体"并由此形成高职院校校长胜任力"格式塔"模型，如图3-2。

优秀高职院校校长胜任力模块										
知识类	才能类							素养类	态度类	动机类
专业知识	系统思维	战略思考	分析判断	批判性思维	目标管理	行动力	公关力	影响力	责任心	成就导向
合格高职院校校长胜任力模块										
才能类	素养类					态度类				
决策力	育人情怀	自信	心胸宽广	凝聚力	以人为本	敬业精神	全局观念	创新意识	模范带头	进取心

图3-2　高职院校校长胜任力"格式塔"模型

"格式塔"系德文"Gestalt"的音译，主要指完形，即具有不同部分分离特性的有机整体。具有两种涵义。一种涵义是指形状或形式，亦即物体的性质。另一种涵义是指一个具体的实体和它具有一种特殊形状或形式的特征。❶ 在高职院校校长胜任力"格式塔"模型中，其由"二阶模块"组成。即，在纵向上，有"优秀"与"合格"两个阶层模块构成。其中，"合格"模块是基础，"优秀"模块是"合格"基础上的提升，后者是前者的更高层次和努力目标。❷ 在横向上，合格模块由才能类、素养类和态度类的 11 个要素组成。优秀模块由知识类、才能类、素养类、态度类和动机类 11 个要素组成。这些要素既是分离的独立个体，又是紧密关联的统一体，共同构成高职院校校长胜任力的"塔体"和支撑。

第四节 分析与讨论

本研究基于行为事件访谈法得出了高职院校校长胜任力"格式塔"模型，包括优秀高职院校校长胜任力模块和合格高职院校校长胜任力模块两大模块。前者包括"专业知识、战略思考、目标管理、公关力、系统思维、分析判断、行动力、责任心、影响力、批判性思维、成就导向"等 11 项要素，这些要素具有一定的区分、预测和鉴别功能。后者包括"全局观念、决策力、育人情怀、敬业精神、进取心、模范带头、自信、心胸宽广、凝聚力、创新意识、以人为本"等 11 项要素，这是作为一名高职院校校长胜任校长工作的基本条件，是一名合格的高职院校校长必须具备的要求。

与普通大学、尤其是研究型大学校长胜任力相比（参见第一章刘晶玉、娄成武、任峥嵘和魏士强、洪银兴等学者研究得出的我国大学校长胜任力情况），两者的主体尽管都是高等学校校长，但要求具备的胜任力既有相同的地方也有不同点。相同的地方首先表现为作为学校校长，均要求具有"责任心"（社会责任），具备"战略思考"（战略规划、愿景能力）和"目标管理"（明确的办学理念、定位能力）的能力，工作中要具有一定的"决策力"和"行动力"（执行能力），要有"育人情怀"（师资队伍建设、团队建设能力），要能够做到"心胸宽广"（心胸开阔），同时，面对激烈的竞争，要具备"创新意识"（开拓创新能力）等。两者的差异主要表现在，作为以培养学术型人才为主要任务的研究型大学校长，自身要有"深邃的教育思想"，具备一定的

---

❶ 格式塔 [EB/OL]. http://baike.baidu.com/view/85631.htm, 2014-5-18.
❷ 注释：该理论经发展可由更高层次的"卓越"，体现在高职院校校长专业化发展中，即"教育家办学"，这是今后的研究方向之一。

"学术造诣"才能有利于领导工作的开展。而作为在中国改革开放的背景下重新起步并得以一种崭新面貌和类型出现的高职院校，在历史的欠账、现实条件的不足、层次地位的局限以及国家和民众的较高期望的综合作用下，要迅速发展、科学发展，作为其校长需要具备更为强烈的"敬业精神"、"进取心"和"自信"等心理特征，要能够做到事事"模范带头"，以自身独到的"凝聚力"和"影响力"、基于"全局观念"和"系统思维"基础上的"分析判断"开展工作，"以人为本"，团结广大师生员工，充分发挥其主人翁意识和创造性精神，上下齐心、师生协力，才能成就这项"前无古人"恐也"后无来者"的开创性伟大事业。

值得注意的是，高职院校校长的上述特征要素不仅在随后的专家咨询中获得认可，而且在对校长们的访谈中也不同程度得到了印证。以下是这些访谈校长对这一问题的回答摘要。

问：您认为作为一名高职院校的校长，要胜任这个工作需要具备的核心要素是什么？

F1：第一个是要视野宽广。第二个是要有宽广的胸襟。还要有方法和智谋。

F2：从我个人来讲吧，热爱是第一的，热爱才会产生激情，才会去愿意为这个事情去付出，去努力。此外，我觉得作为一个职业学校的校长，要有一个很好的调查、研究的习惯。还有，作为一个校长来讲，尤其在现在这样一种情况下，要包容，要很大度。

F3：一个校长应重点抓三个事情，我也是重点抓的。第一就是环境的营造。第二个呢，目标，就是设置目标。第三个事情，要抓住一个能力建设。

F4：第一是，我的想法就是思想解放。第二个是，这是在思想解放的基础上要理念先行。第三就是，一定要有一个经营头脑，学校在一定程度上我觉得是在经营学校。第四，我感觉要团队作战，依靠一人单打独斗是不可行的。第五就是率先垂范。

F5：第一，他的人格魅力非常重要。人格魅力呢，我觉得最关键的是两条：一条就是你要以身作则；第二个你很公正。第二个呢，你这个校长要有思想，就是你要引领。第三个呢，就是要不断地挑战自我的极限。

F6：我觉得还是要有使命感，要有责任心，要有担当力，要有一种忘我的精神。

F7：首先我感觉到，支撑我这么多年的就是我对职业教育的一种理解，对它的一种希望，而这种希望说到至高点的话，应该是一种社会责任感，这是最重要的。第二个呢，就是对这个行业所面临的大的氛围环境，你脑子里一定要清楚。政策、环境、背景、氛围这个要清楚。第三个呢，我认为好多事情要有果断性，不果敢不果断，成不了大事。

F8：这个没有认真思考，对教育规律的把握、教育管理水平的提高、教育管理的研究，我觉得都很需要的。

F9：我个人觉得呢，首先校长的思想、理念，这一点是一个方向，要把握好。第二，校长要走职业化的道路。第三，我觉得校长就是要不懈怠。

F10：首先我认为是要安心做好这个校长，做学校的校长千万不要像行政官员那样，把每一个地方都当做一个跳板，作为提拔的一个台阶。第二的话呢，要善于学习。再一个的话呢，就是这个为人啊要正直、亲和。

F11：一个校长核心的就这两个：一个是责任心，第二个是校长的工作能力。

F12：首先一个我觉得做校长就是你的责任心。第二个就是你要知道教育的特殊性。另外还有学习。另外，就是你得尊重教学规律，你得尊重你的老师，而且现在越来越强烈的要求，你得尊重你的学生。另外，还有我认为要有一定的专业的背景。我想可能这几个方面吧，因为你这个问题提的也比较突然，我也没有系统的去归纳。

F15：首先要有热情，对职业教育要有热情，要有兴趣。第二个就是，高职院校校长不好做，这是我们机制决定的。所以要处好的话，肚量要大，还有就是要多沟通。

F16：我觉得最根本的一条就是，高职院校的校长必须有企业家精神。具体企业家精神包含三个方面，第一个精神是创新嘛，创新精神。第二个就是敬业精神。第三个很大的要素就是合作。

由上可知，尽管校长们表达的语词与上述规范化的特征要素名称不一定相同，因时间等方面的限制，每位校长现场表达的也不一定很全面、很具体，但是透过他们朴实的话语还是不难发现其中的共性存在。在他们的眼中，作为一名高职院校校长，要胜任这个工作，需要有"使命感"、"责任心"、"敬业精神"和"忘我精神"，同时"视野"要"宽广"。工作中，要能够"设置目标"，懂得"营造环境"，注重"能力建设"，同时要"尊重教育规律"、"尊重教师"、"尊重学生",不断"善于学习","胸襟宽","注重方法策略",并且要能做到"思想解放"、"理念先行",具有"担当力","正直","公正"。这些观点和认识可谓与上述通过行为事件访谈得出的胜任特征要素不谋而合。

需要特别指出的是,有一位民办高职院校的校长提到了"高职院校的校长必须有企业家精神",无独有偶,笔者在随后实施的问卷调查中,有一位民办高职院校的校长尽管没有填写问卷,但是随信寄来了一封信说明为什么没有填写问卷的原因。概括而言,该校长认为在我国的当下,民办高职院校与公立高职院校有着不同的生存境遇和发展环境,尽管国家早就制定并公布了《中华人民共和国民办教育促进法》(2002 年 12 月 28 日通过,2003 年 9 月 1 日起施行),但是时至今日,与同类公办学校相比,民办学校办学还是比较艰难,法律规定民办学校应该享受的待遇在实际中很多并没有真正落实。在这样的情况下,民办学校要想发展,就必须具有企业家的精神,保持灵敏的市场意识,审时度势、运筹帷幄,只有这样才能在不利的竞争环境下获得先机并促进发展。换言之,民办高职院校校长或许有着与公办高职院校校长不一样的胜任要求。尽管本研究没有将两者明确区分,确定的高职院校校长胜任力要素中也没有"企业家精神"这个条目,但是或许"企业家精神"代表着高职院校校长今后着力需要培育并加强的不可或缺的胜任力要素之一。

运用行为事件访谈法建构模型,要取得良好的信度和效度,访谈过程和编码过程是其中的关键。前者包括样本选择的覆盖面和代表性、合适的访谈氛围营造以及访谈者 STAR 技术的正确使用等;后者包括编码者对研究目的和要求的了解、编码词典条目内涵的准确把握以及访谈文本内容的深刻理解等。本研究采用归类一致性及编码内容分析信度来考察信度情况。结果表明,归类一致性的数值从 0.455 ~ 0.726 之间,总体归类一致性为 0.603。与此相对应,其编码信度系数值从 0.625 ~ 0.841,总体编码信度系数为 0.752。尽管有研究证实,受过训练的不同编码者采用最高分和频次编码,其一致性介于 0.74 ~ 0.80 之间。但是实际上,从已有相关研究的情况看,达到这一目标实际上非常困难。这是因为归类一致性要求比较高,不仅要求要素相同、出处一致,而且还要求等级相同,操作时有相当难度。本研究也是一样,尽管过程很努力,但结果依然没有能够达到理想目标区间,不过总体而言,这个结果是可以接受的。当然,努力提高编码水平使归类一致性得以提升是今后努力的方向之一。

加上基于行为事件访谈法的研究过程实际上主观倾向非常明显，不仅访谈过程是访谈者和访谈对象主观诉说的对话过程，而且源自访谈对话的访谈文本的编码过程也是基于编码者的主观判断过程。因此，要客观地评判建构的模型质量，除了上述来自校长们访谈原始资料中的初步验证之外，还应该进行更为严格规范的验证，这将是下一章的主要任务。

高职院校校长胜任力模型验证

第一节　验证过程和结果情况

对胜任力模型的检验方法一般有以下三种：第一种是重新选取优秀业绩组与普通业绩组，两组样本作为第二准则样本进行行为事件访谈，分析模型中所包含的胜任力要素能否区分优秀组和普通组；第二种是编制量表。选取较大规模的样本进行测试，对量表进行因素分析，考察量表的结构是否与原有模型吻合；第三种是采用评价中心的方法。对作为第二准则样本的优秀业绩组和普通业绩组进行评价，考察两组是否在这些胜任力要素上有明显差别。❶ 上述三种方法各有利弊：第一种方法需要再次实施行为事件访谈，所需的人力、时力和物力等较大；第三种对使用结果的评价不能很快得以显现，需要假以时日，因而从可操作性角度而言不是很好。从实践来看，"较多使用的是编制量表的检验方法"，❷ 即根据建构的胜任力模型来评价第二个样本对象的关键特征，考察量表的结构是否与原有模型相吻合，在此基础上，分析其是否具有区分功能，即能否区分出绩优与普通。实际上，这种方法也可以看做是"相关检验法"，又称"三角检验法"，指的是"将同一结论用不同的方法、在不同的情

　　❶ 李明斐，卢小君. 胜任力与胜任力模型构建方法研究 [J]. 大连理工大学学报（社会科学版），2004（1）：30.
　　❷ 李明斐，卢小君. 胜任力与胜任力模型构建方法研究 [J]. 大连理工大学学报（社会科学版），2004（1）：30.

境和时间里、对样本中不同的人进行检验"。❶ 本研究也采用第二种方法，即编制专门的测量工具进行验证。

一、选择被试

考虑到调查对象的特定性、样本区域高职院校数量的有限性和研究规范的制约性等综合因素，也就是说问卷调查对象必须与访谈调查对象一样是高职院校正职校长。由于样本区域高职院校总数为 120 所（因江苏联合职业技术学院比较特殊，其既是一所建制的高职院校，同时实质上也包含了 40 所五年制高职，为了不重复计算，所以此处不含该校），而胜任力模型验证需要进行的探索性因子分析，"一般要求样本容量至少为 100 ~ 200，当变量的公共方差较大时，则一定数目的小样本也能确保因子负载的稳定性"。❷ 因此本研究问卷调查覆盖样本区域——江苏境内所有高职院校校长。即使如此，要达到样本容量最低限值 100 的要求，回收率则要达到 83% 以上，而"邮递问卷调查回收率通常在 30% ~60% 之间"的经验数据告诉我们，这样的期望结果还是很难实现的，何况调查对象又是高职院校校长这一特殊群体。而要解决这一难题，除了要努力提高问卷调查的回收率之外，还需要适度增加被试。考虑到区域差异的现实存在，为了尽可能降低这种差异带来的影响，本研究选择与样本区域临近且同属东南沿海地区的浙江省作为补充调查区域，对该省所有 45 所高职院校校长实施问卷调查。累计问卷调查样本总量为 165 份，其中江苏境内五年制高职 40 所、三年制高职 80 所，浙江境内三年制高职 45 所。

二、编制测量工具

本研究采用自编的《高职院校校长胜任力调查问卷》（以下简称《测量问卷》）进行测量。

（一）确定测查的胜任力要素

依据建构的高职院校校长胜任力模型，包括优秀校长和普通校长差异显著以及两者共有的胜任力特征要素作为测查项目的主要内容，这些特征有：专业知识、系统思维、全局观念、战略思考、分析判断、目标管理、决策力、行动力、公关力、育人情怀、敬业精神、责任心、进取心、批判性思维、模范带

---

❶　陈向明. 教师如何作质的研究 [M]. 北京：教育科学出版社，2001：249.

❷　探索性因子分析法 [EB/OL]. http：//baike. baidu. com/view/9280925. htm？fr = aladdin，2014 – 4 – 8.

头、自信、心胸宽广、凝聚力、影响力、创新意识、以人为本、成就导向。

（二）编制《测量问卷》初始项目

上述待测特征项目需要进行转化才能进行实际检测，也就是将每一个特征项目用能够充分反映其核心要素和主要内容的几个具体问题进行表述，这些问题主要针对高职院校校长的行为进行描述，其来源有两个：一是从本研究编制的《编码词典》和访谈文本资料中抽取提炼；二是将相关研究中的相近项目进行适应性转化，使之能为本研究所用。由此构成《测量问卷》的初始项目。

（三）修改并确定《测量问卷》测试项目

征求有关专家（主要是教育学、心理学领域专业人员）对初始测验项目的意见，主要包括两方面：一是初始项目是否充分涵盖并反映了待测特征项目；二是初始项目的表述是否清晰、准确、简练。在此基础上对初始项目进行逐条修改，使之更加完善、准确。尽管测试项目可能避免不了社会赞许性的存在，但是一方面在编制《测量问卷》的过程中尽可能地避免题项与社会规范的一致性，尽量基于从访谈文本中选择相应用语乃至表达习惯；另一方面，明确问卷调查的指导语。在《测量问卷》的卷头处醒目、简洁地说明调查的意图，明确告知本调查是匿名的，其真实、准确的回答对调查结果具有十分重要的意义等，即采用"指导语控制法"来控制社会赞许性的可能影响。最终形成的问卷题项为60个，分为两个部分，其中第一部分8个题项，主要调查被试的基本信息，包括性别、年龄、担任现职年限、就职学校所在地、获得的最高奖励情况等；第二部分52个题项，平均每个胜任力要素用2~3个题项进行表述反映并测试其行为表现。为了降低社会赞许性和思维惯性等的影响，将上述题项随机编排，构成本研究的《测量问卷》主要测试项目。

测试项目采用李克特5点计分法，其中1为"完全不符合"、2为"基本不符合"、3为"不确定"、4为"基本符合"、5为"完全符合"。

（四）试测并完善《测量问卷》

2014年4月15日，利用某市举办"中德职业教育论坛"的机会，请主办方协助，邀请与会的5位职业院校正职校长现场填写《测量问卷》，同时征询他们对《测量问卷》从结构形式到内容表述等的看法。根据试测结果并结合现场意见征求，进一步完善《测量问卷》，见附录四。

三、施测

由于江苏五年制高职院校采用的是"小学院、大学校"的独特模式，即设有专门的总校——江苏联合职业技术学院，负责所有五年制高职的统筹、协调和管理。为了提高调查的回收率，同时也是为了提高效率，其所有校长的测试是借助总校专门的网上管理平台，将《测量问卷》制作成专用的电子调查问卷并实施了网络调查，施测时间是 2014 年 4 月 17 日~4 月 30 日。其余所有问卷均采用邮寄方式投递发放——主要从上述两省教育部门网站以及样本学校网站上查询并获取其正职校长名单及通讯地址等信息。施测时间是 4 月 17 日~5 月 16 日，历时一个月。考虑到被试对象的特殊性（地位较高、工作繁忙），为了增加问卷回收率，事前精心设计了邮递信封，增加了精美图案和相关提示语。信封内除了放入《测量问卷》之外，还将被试回信用信封写好地址、贴上邮票后一同放入。同时在邮递信封内还放入了专门制作的含有研究者个人信息在内的联系卡片，试图通过这些方式使受访校长能够感知研究者的诚意和期盼之心，以便最大限度地提高回收率。

回收的过程既是等待的过程，同时也是忐忑不安的过程。虽然没有一个唯一确定的回收率的标准，正如纳克米亚斯（Nachmias & Nachmias）等人所说："要确定一种可接受的回答率标准并不是一件容易的事情，因为科学家在最低回答率的标准上意见不一致"，但是过低的回收率显然是对研究不利的。美国社会学者巴比曾提出过一个简单的等级规则："要进行分析和报告撰写，问卷回收率至少要有 50% 才是足够的，要至少达到 60% 的回收率才算是好的；而达到 70% 就非常好。"但他同时也明确指出："要记住，以上数据都只是概略指标，并没有统计上的基础"。实际的情况是，在回收的过程中尽管有不安的煎熬，但也有不少感动的愉悦：有的校长不仅填写了问卷，而且还特意打来电话或发来邮件告知；尽管都是匿名的问卷调查，但有的校长还是在回信的信封上注明姓名和联系方式；有一位民办高职院校的校长尽管没有填写问卷，但还是寄来了回信并说明了没有填写的原因，由此使笔者意识到，作为民办高职院校的校长确实有与公立高职院校校长不一样的要求与特点——尽管在我国目前这些院校数量较少。

累计发放问卷 165 份，实际回收数量是：江苏五年制高职回收有效问卷 35 份，占五年制学校总数的 87.5%；江苏三年制高职回收 45 份，占该省三年制高职总数的 56.25%；浙江三年制高职回收 13 份，占比 28.89%。本次问卷调查总回收率为 56.36%。这一比例尽管没有达到巴比所说的"好"或"非常好"的标准，但是也是"足够的"，尤其是考虑到调查对象"一把手"校长本身地位较高、工作繁忙的特殊性，这样的结果可谓比较难得。被试信息见表 4 - 1。

表4-1　回收问卷调查被试信息

项目	分类	人数	百分比（%）
性别	男	87	93.55
	女	6	6.45
年龄	40岁（含）~49岁	29	31.18
	50岁（含）~54岁	43	46.24
	55岁（含）~59岁	13	13.98
	60岁（含）以上	8	8.60
任职年限	1年以下	6	6.45
	1年（含）~3年	20	21.51
	3年（含）~5年	25	26.88
	5年（含）~10年	22	23.66
	10年（含）以上	20	21.51
学校所在地	浙江	13	13.98
	苏南	50	53.76
	苏中	11	121.83
	苏北	19	20.43
学校类型	三年制	58	62.37
	五年制	35	37.63
被试学历	大学专科	1	1.08
	大学本科	44	47.32
	硕士	24	25.80
	博士	24	25.80
曾经就读专业学科	人文学科	14	15.05
	社会学科	15	16.13
	自然学科	43	46.24
	综合学科	21	22.58
获得的最高荣誉级别	国家级	24	25.81
	省部级	47	50.54
	市厅级	18	19.35
	校级	2	2.15
	从未获得过	2	2.15

四、研究结果

使用 SPSS 17.0 统计分析软件进行探索性因素分析,同时验证测量工具的信度、结构效度和实证效度。

(一)探索性因素分析

首先进行项目分析(具体项目参见附录四《高职院校校长胜任力调查问卷》邮递调查问卷中的第二部分"个人行为自评")。采用项目鉴别力和每一项目的均数和标准差进行项目分析。剔除项目与问卷总分相关小于 0.2 的项目、单个项目平均分数趋于极端(极大或极小)项目、合并测验项目之间相关大于 0.80 的项目,共计 3 个,最终保留的项目数是 49。其中相关超过 0.8 的项目为 3 和 29、3 和 33、50 和 39、50 和 48 以及 26 和 48,所以将项目 3、48 和 50 剔除。

其次进行因素分析。分析前对 KMO 抽样适当性检验和 Barrlett 球形检验是必不可少的环节。[1] Kaiser 认为 KMO 的可接受范围应在 0.8 以上。对使用 SPSS 软件分析的 KMO(Kaiser - Meyer - Olkin)和 Barrlett 球形检验系数结果表明,样本适当性系数 KMO 的指标为 0.941,表明问卷各个项目间的相关程度无太大差异,数据非常适合做因了分析。Barrlctt 球形检验卡方值为 4914.45,自由度 1176,显著性 P < 0.000,球形假设被拒绝,表明问卷项目间并非独立,取值是有效的。上述两个指标的结果都表明数据适合进行因素分析,见表 4 - 2。

表 4 - 2 KMO 和巴特利特球形检验结果

检 验 项 目		数值
KMO 样本适合性检验		0.941
巴特利特球形检验	近似卡方值	4914.45
	df	1176
	Sig.	0.000

采用主成分分析法和方差最大正交旋转法对获得的数据进行因素分析,提取的标准为特征值大于 1,因素提取数量不限定。因素分析各因子载荷均大于 0.4,最终结果提取了 4 个因素,表 4 - 3 提供了旋转后各个因素的特征值及其

---

[1] 刘晶玉,娄成武,任峥嵘. 大学校长胜任力模型研究 [J]. 现代大学教育,2010 (4):42.

贡献率。表中的数据表明，4 个因素累积变异解释率达 71.964%。

表 4 - 3　最终统计量和总变异解释率

因素	特征值	变异百分比（%）	变异累积百分比（%）
1	12.512	25.534	25.534
2	8.607	17.566	43.100
3	7.165	14.622	57.722
4	6.655	13.583	71.964

49 个问卷项目在各个因素的载荷见表 4 - 4。

表 4 - 4　问卷项目的因素载荷矩阵

项目编号	因素 1	因素 2	因素 3	因素 4
item01	0.608			
item02	0.570			
item04	0.598			
item07	0.569			
item08	0.532			
item10	0.547			
item14	0.581			
item15	0.705			
item16	0.724			
item17	0.623			
item19	0.610			
item20	0.605			
item23	0.643			
item24	0.729			
item25	0.620			
item26	0.598			
item29	0.636			
item33	0.697			
item34	0.689			
item46	0.537			
item47	0.599			
item49	0.604			

项目编号	因素1	因素2	因素3	因素4
item09		0.408		
item11		0.542		
item22		0.650		
item27		0.534		
item37		0.530		
item39		0.570		
item40		0.575		
item41		0.680		
item42		0.677		
item43		0.500		
item51		0.701		
item52		0.576		
item12			0.557	
item13			0.528	
item18			0.484	
item21			0.491	
item35			0.576	
item36			0.720	
item38			0.567	
item45			0.542	
item05				0.786
item06				0.618
item28				0.541
item30				0.581
item31				0.671
item32				0.443
item44				0.541

　　根据问卷项目的具体内容，对各个因素进行命名。因素1中涉及的胜任特征包括：责任心、战略思考、自信、心胸宽广、以人为本、成就导向、分析判断、公关力、育人情怀、敬业精神、进取心、专业知识和全局观念，可以看出这主要是高职院校校长职业必需的素养要求，因此将该因素命名为"职业素

养"。因素 2 中涉及的胜任特征包括：自信、创新意识、系统思维、批判性思维、目标管理、决策力、行动力、公关力，不能发现这些要素大体包括两类，即心理层面的特质和个体才能层面的特征，因此将该因素命名为"动机才能"。因素 3 中涉及的胜任特征包括：系统思维、目标管理、决策力、行动力、育人情怀、模范带头和批判性思维，涉及管理过程，其中多与管理理念、管理才能相关，因此将该因素命名为"管理能力"。因素 4 中涉及的胜任特征包括：自信、凝聚力、影响力、以人为本和公关力，主要与和人沟通交流并试图产生影响关联，因此将该因素命名为"人际沟通"。见表 4-5。

表 4-5　因素命名及包括的项目编号

因素	因素命名	包括的项目编号
1	职业素养	01，02，04，07，08，10，14，15，16，17，19，20，23，24，25，26，29，33，34，46，47，49
2	动机才能	09，11，22，27，37，39，40，41，42，43，51，52
3	管理能力	12，13，18，21，35，36，38，45
4	人际沟通	05，06，28，30，31，32，44

可以看出，职业素养、动机才能、管理能力和人际沟通这 4 个因素及其包含的内容，与前面建构的高职院校校长胜任力模型中包括的胜任特征是相一致的，说明建构的模型质量良好。

（二）信度检验

测验的信度是指一个测验经过多次测试所得结果的一致性程度。本研究各分量表和总问卷的内部一致性程度采用 Cronbach 系数为指标。经过数据分析得知，本研究总问卷的 Cronbach 系数 α 为 0.987，职业素养分量表的 Cronbach 系数 α 为 0.977，成就动机分量表的 Cornbach 系数 α 为 0.961，管理能力分量表的 Cronbach 系数 α 为 0.944，人际沟通分量表的 Cronbach 系数 α 为 0.899。上述情况表明，问卷的信度指标均良好，内部一致性高。

表 4-6　问卷内部一致性系数

Cronbach 系数 \ 量表	职业素养	成就动机	管理能力	人际沟通	总问卷
α	0.977	0.961	0.944	0.899	0.987

（三）效度检验

1. 结构效度

测验的结构效度是通过计算各分量表间的相关系数、各分量表与整个问卷总分之间的相关系数作为指标来考察。表4－7是各分量表之间及与总测验的相关系数计算的结果。

表4－7　各分量表与总问卷的相关系数

分量表	职业素养	成就动机	管理能力	人际沟通	总问卷
职业素养	1				0.979
动机才能	0.898	1			0.957
管理能力	0.901	0.914	1		0.951
人际沟通	0.836	0.834	0.826	1	0.892

　　分量表之间的相关提供了测验结构的效度指标。测量学研究表明，如果各分量表与整个测验总分数间的相关系数均明显高出各分量表的相关系数，表明测验的结构效度良好。测验中各个分量表之间的相关系数低，表明在一定的范围内各分量表既能对整个测验做出贡献，同时各自又具有一定的相对独立性。如果各分量表相关太低，说明量表测量的是一些完全不同的特征，而并不是研究中关心的特征；如果分量表的相关太高，则表明各量表所测量的因素互相重合，有些分量表可能不需要。本研究研制的《测量问卷》各个分量表间相关最低为0.826，最高为0.914。而总量表与各分量表之间的相关介于0.892～0.979之间，可见各个分量表间的相关低于分量表与总分之间的相关，同时各个分量表相关系数也不低，表明量表所测量的内容是本研究所关心的特征，上述情况说明测验的结构效度是符合要求的。

　　2. 实证效度

　　实证效度，是指一个测验对处于特定情境中的个体行为进行预测时的有效性。本研究采用两种方式考察实证效度。一是通过检验优秀绩效组高职院校校长和普通绩效组高职院校校长在各项胜任特征上平均数差异来考察《测量问卷》的实证效度；二是根据问卷调查的结果对被试所属类别（绩优与普通）进行聚类分析，并将其与被试实际类别进行比较，以此考察两者的吻合情况。

　　（1）不同组别高职院校校长各胜任特征的差异情况

　　在正式测试中，测验中增加了个人信息的项目。根据对"自己获得过的最高荣誉级别（不含教学、科研成果奖）"这一问题的回答结果作为效标取样的依据。最高荣誉分为"国家级"、"省部级"、"市厅级"、"校级"和"从未获得过"等五个选项。与访谈调查时的标准一样，把获得过"省部级"及以上的高职院校校长分类为绩优组，把获得最高荣誉级别为"市厅级"、"校级"

以及选择"从未获得过"奖项的高职院校校长分类为普通组。表4-8是两组不同绩效的高职院校校长在各个胜任特征上平均分数、标准差及 t 检验的结果。

表4-8　不同组别高职院校校长在《测量问卷》各胜任特征分数的差异比较

胜任特征	优秀组 Mean	优秀组 S. D.	普通组 Mean	普通组 S. D.	t	df	p
责任心	14.056	1.985	13.364	2.555	1.569	91	0.120
战略思考	13.901	1.798	13.318	2.552	1.197	91	0.235
自信	13.761	1.863	12.636	2.401	2.304	91	0.024*
心胸宽广	9.239	1.347	8.727	1.667	1.471	91	0.145
凝聚力	8.845	1.294	8.318	1.615	1.570	91	0.120
影响力	8.789	1.253	8.364	1.677	1.279	91	0.204
以人为本	13.409	1.894	13.091	2.505	0.634	91	0.527
成就导向	9.225	1.333	8.636	1.706	1.691	91	0.094
系统思维	13.676	1.722	12.636	2.517	2.202	91	0.030*
分析判断	9.127	1.319	8.682	1.729	1.280	91	0.204
目标管理	8.972	1.207	8.546	1.819	1.273	91	0.206
决策力	13.31	1.67	12.636	2.401	1.481	91	0.142
行动力	13.38	1.719	12.046	2.535	2.823	91	0.006**
公关力	13.113	1.961	11.954	2.516	2.258	91	0.026*
育人情怀	13.648	2.057	13.273	2.472	0.712	91	0.478
敬业精神	9.141	1.334	8.636	1.761	1.432	91	0.156
进取心	9.169	1.404	8.727	1.719	1.208	91	0.089
模范带头	4.62	0.704	4.318	0.894	1.643	91	0.104
专业知识	8.648	1.64	8.636	1.814	0.028	91	0.978
全局观念	9.211	1.319	8.773	1.744	1.120	91	0.266
批判性思维	9.07	1.324	8.364	1.706	2.038	91	0.044*
创新意识	8.916	1.471	8.318	1.81	1.573	91	0.119
总分	235.225	29.028	222.000	40.962	1.684	91	0.096

上表统计结果表明，绩优组校长与普通组校长在系统思维、行动力、公关力、批判性思维和成就导向上存在显著差异，自信、成就导向和进取心呈现边缘显著差异。在其余胜任特征上不存在显著差异。这个结果与前面的访谈调查结果尽管不完全相同，但总体上还是基本一致的。尤其是绩优组和普通组在总

体上呈现边缘显著差异特征，结合各分量表和总分而言，可以认为所建构的高
职院校校长胜任力模型的各项胜任特征有着较好的区分能力，能够比较有效区
分优秀高职院校校长和普通高职院校校长。

（2）聚类分析情况

将每个被试所属类别（绩优与普通）进行聚类分析，结果见表4-9。

表4-9 被试聚类分析结果与其实际类别情况比较

被试序号	聚类类别	实际类别	被试序号	聚类类别	实际类别
1	1	2	27	1	1
2	1	1	28	1	1
3	2	1	29	1	1
4	1	1	30	1	1
5	2	2	31	2	1
6	2	2	32	1	1
7	2	1	33	1	1
8	1	1	34	1	2
9	1	1	35	1	1
10	2	1	36	1	1
11	2	2	37	1	1
12	2	2	38	1	1
13	1	1	39	1	1
14	1	2	40	2	2
15	1	1	41	2	2
16	1	1	42	1	1
17	1	2	43	2	2
18	1	1	44	1	1
19	1	1	45	1	1
20	1	1	46	1	1
21	2	1	47	2	1
22	2	1	48	1	2
23	1	1	49	1	1
24	2	2	50	2	2
25	1	1	51	1	1
26	2	1	52	2	1

做一个胜任的校长——高职院校校长胜任力研究

被试序号	聚类类别	实际类别	被试序号	聚类类别	实际类别
53	1	2	74	2	1
54	1	2	75	1	1
55	1	1	76	2	1
56	1	2	77	1	1
57	1	1	78	1	1
58	2	2	79	2	1
59	2	1	80	1	1
60	1	1	81	1	1
61	2	1	82	1	2
62	1	1	83	2	2
63	1	1	84	1	2
64	1	1	85	1	1
65	2	1	86	1	1
66	1	1	87	1	1
67	1	1	88	1	1
68	2	1	89	2	2
69	1	1	90	1	1
70	1	1	91	1	1
71	1	1	92	2	1
72	1	1	93	1	1
73	1	1			

备注：类别1表示"优秀"，类别2表示"普通"，下表4-10同。

由以上统计结果计算得出的每一个被试归类的平均概率情况，见表4-10。

表4-10　被试正确分类的平均概率

实际类别 ＼ 聚类类别	聚类类别1	聚类类别2
实际类别1	54（76.06%）	17（23.94%）
实际类别2	10（45.45%）	12（54.55%）

结果表明，使用《测量问卷》对绩优组被试的正确分类的概率为76.06%，错误分类的概率为23.94%；普通组被试的正确分类的概率为54.55%，错误

分类的概率为45.55%。尽管普通组被试可能由于被试样本量较小（22 个）而导致其正确区分度不太高，但是总体而言，以建构的胜任力模型为依据设计的《测量问卷》还是能够区分不同类别的被试的，尤其是对优秀高职院校校长被试，其正确区分度还较高，这和前面实证效度检验的结果是比较一致的，即建构的模型具有一定的区分功能，能够比较准确地区分绩优组与普通组。

第二节　分析与讨论

本研究通过探索性因素分析进行模型验证，同时检验测量工具的信度、结构效度和实证效度。验证结果表明，通过编制问卷在比较大的范围测试高职院校校长胜任力情况，得出职业素养、动机才能、管理能力和人际沟通4 个共性因子，其内含的要素与前面建构的高职院校校长胜任力模型中包括的胜任特征相一致，所不同的是，高职院校校长胜任力模型的建构采用的是行为事件访谈法，资料是通过高职院校校长个案访谈获取，而这里的探索性因素分析资料，是通过编制问卷调查获得，这种交叉验证的结果表明，建构的高职院校胜任力模型是有效的。实证效度和聚类分析的结果也验证了这个结论。

测量工具的信度检验情况，Cronbach 系数 α 为 0.987，表明问卷的信度好，内部一致性高。结构效度检验的结果也是可以接受的。因此测量工具是有效并可靠的。

但是研究也发现，通过 BEI 得出的优秀高职院校校长胜任力要素中的"战略思考"、"目标管理"、"分析判断"、"责任心"、"影响力"、"专业知识"在问卷调查中没有得到相同的显著差异结果，相反，"进取心"要素尽管在行为事件访谈建构的模型中没有作为优秀校长胜任特征，却在问卷调查中反映出了边缘显著的差异特征。究其原因可能有以下两点：第一，在设计问卷对胜任力要素进行表征测试时，可能存在编制的题目尚不能完整反映对应要素的内涵与特征，所以就出现了局部目标的偏离；第二，两种不同的方法测试的对象不同，并且作为问卷调查测试对象的区分采用的自陈式量表形式，调查对象对作为区分标识的"自己获得过的最高荣誉级别"理解可能存在偏差，以致结果出现了3/4 调查对象归为绩优组的情况，这和面对面访谈时相对比较严格和准确的优秀标准产生了不一致，从而导致结果的局部偏离。这也是有待今后进一步研究的问题之一。

基于胜任力的高职院校校长选任

第一节　我国高职院校校长选拔任用的现状特点及问题剖析

一、现状特点

我国现行的高职院校校长的选拔任用与普通大学校长一样，基本都是任命制，也就是"事先由上级组织部门派人到学校调查，或象征性地在一定范围内作一次民意测验，确定校长和副校长的人选，然后由相当级别的组织部门进行任命。这种做法，无论是从选拔的办法，还是对校长任期和待遇的规定，都与干部的选任相同。"❶ 事实上，建立新中国以来，与政府官员一样，我国高等学校的校长和书记们都是具有一定的行政级别的，目前的设定是从副部级（"985"高校的校长书记是这一级别）到副厅级（通常高职院校的校长和书记是这一级别)，包括选拔任用在内的管理也是参照政府官员进行的，并且已经初步形成制度化。国家教委于1987年颁发的《关于高等学校各级领导干部任免的实施办法》中明确规定："高等学校党委正副书记和正副校长的职数一般为5至7人（正副书记2至3人，正副校长3至4人），在校学生不满3000人的一般不超过5人，学生在10000人左右的为9人，学生达15000人的可配备10人。其任免，按干部管理权限由学校干部主管部门审批或报中央、国务院

---

❶ 刘道玉. 中国应当怎样遴选大学校长 [J]. 高教探索, 2005 (2): 6.

审批,并送国家教委备案。"❶ 2002 年 7 月 9 日,中共中央下发了《领导干部选拔任用工作条例》。它是对 1995 年颁布的《领导干部选拔任用工作暂行条例》的完善与发展。该《条例》的颁布实施对领导干部选任的基本原则、程序、方法、任职条件、资格等作出了更加规范和严密的规定,形成了干部选任的基本规章,完全适用于高校领导干部的选拔任用。❷

客观地说,高校领导干部任命制在特定的历史时期起到了一定的积极作用,概括而言主要有以下几点:

一是保证了党与政府对大学的领导权,体现了党管教育、党管干部的原则。在大学校长的选拔过程中,尽管要进行一定的民主程序,听取教职员工的意见,但主要还是由上级党委决定,把经推荐且被"组织看准"的人列为考察对象。

二是保持了大学工作的连续性和稳定性。党与政府不仅使用干部,还培养干部,新任校长在任职前一般都接受过相应的培训和学习,在相应的岗位经受过锻炼,组织在平时都已经有意识地进行过考察,由此新旧校长的工作交替稳定、顺利。❸

三是保证了大学政治方向的正确性。由于现有的选任标准、选任程序、选任方法等都沿用党政干部选任模式进行,其中尤其强调对候选者政治面貌的考察,如 2014 年 1 月颁布的中共中央《党政领导干部选拔任用工作条例》中候选人的基本条件第一、二条分别是"自觉坚持以马克思列宁主义、毛泽东思想、邓小平理论、'三个代表'重要思想和科学发展观为指导,努力用马克思主义立场、观点、方法分析和解决实际问题,坚持讲学习、讲政治、讲正气,思想上、政治上、行动上同党中央保持高度一致,经得起各种风浪考验","具有共产主义远大理想和中国特色社会主义坚定信念,坚决执行党的基本路线和各项方针政策,立志改革开放,献身现代化事业,在社会主义建设中艰苦创业,树立正确政绩观,做出经得起实践、人民、历史检验的实绩。"❹ 这就很大程度上保证了当选者政治上是过得硬的,能够与党中央保持一致,通常不会在大是大非问题上站错队。

---

❶ 国家教委. 关于高等学校各级领导干部任免的实施办法 [EB/OL]. http://www.people.com.cn/item/flfgk/gwyfg/1987/206004198701.html, 2014-4-15.

❷ 陈艳. 中国大学校长选拔任用制度改革研究 [D]. 扬州大学博士论文, 2011: 61.

❸ 陈艳. 中国大学校长选拔任用制度改革研究 [D]. 扬州大学博士论文, 2011: 67.

❹ 中共中央. 党政领导干部选拔任用工作条例 [N]. 人民日报, 2014-1-16 (16).

四是选人用人的效率相对较高。尽管大学校长的选任由一系列程序规定，但是在实际操作过程中起主导作用的还是上级党委和组织部门，有时甚至是党委主要领导意见起的作用大，相对于西方国家大学校长遴选动辄费时数月相比，其效率还是较高的。

二、主要问题

尽管有上述正面的效果和作用，但是总体而言，现行的大学校长选任制度存在的问题也不少，其选任标准、选任方式等和大学作为学术共同体这一机构特性的要求不尽一致，"结果，当国家政策符合大学这一独特机构的特性时，它就运行良好；反之，它就步履沉重，甚至'奄奄一息'。"❶ 具体而言，其存在的主要问题有以下几个方面：

（一）选拔任用标准的"官员化"倾向与大学校长"多面手"角色要求不一致

考察我国大学校长的选拔任用标准后不难发现，其基本上沿用了党政领导干部的选拔标准，主要内容包括要有强烈的革命事业心和责任感；具有高校的学术水平和威望，最好拥有理工科学术背景和院士的头衔（在我国无论是文理主导型的大学或是理工主导型的大学校长基本上都是理工科方面的专家）；有胜任领导工作的组织能力及实践经验；有在所任职学校学习和工作过的经历❷，换言之，"要选拔那些政治坚定、师德高尚、学术水平较高、具有较强领导能力和管理水平的同志担任高等学校的领导职务，特别要注重选配好党委书记和校长。"❸

客观上而言，上述选任标准部分涵盖了作为大学校长的角色要求，但却不够全面、科学。大学作为一个特殊的社会组织，早已从社会的边缘走向了中心，大学校长、尤其是现代大学校长的角色早已发生了根本的变化，人们期望大学校长能够成为"学生的朋友、教师的同事、校友的好友、校董的好行政管理者、对公众的好演说家、同基金会和联邦部门的机敏议价者、州立法议会的政客、工业与劳工与农业的朋友、对捐赠人有说服力的外交家、通常来说是

---

❶ 李德方，董存田. 游离与回归：我国高等学校自主招生的历史考察 [J]. 江苏高教，2013 (4)：42.

❷ 陈艳. 中国大学校长选拔任用制度改革研究 [D]. 扬州大学博士论文，2011：69 - 70.

❸ 中共中央组织部，人事部，教育部. 关于深化高等学校人事制度改革的实施意见（人发 [2000] 59 号）[EB/OL]. http：//www. sdau. edu. cn/rsxx/html/rsgg. htm，2014 - 4 - 20.

能为教育奋斗的人、专业（特别是法学与医学）的支持者、对报界的发言人、本身就是学者、州一级和全国一级的公仆、对歌剧和足球并重的热心人、体面像样的人物、好丈夫和好爸爸、教会的积极信徒"，"他应当既坚定又温和；对他人敏感，对自己迟钝；放眼过去与未来，但坚定着眼于现在；既有幻想又脚踏实地；既和蔼可亲又善于反思；了解美元的价值又知道思想无法购买；其想象力鼓舞人心，但其行动小心谨慎；为人富有原则，但善于进行妥协；具有远见卓识，而又能认真注意细节；……他应当在国内像只老鼠，在国外像只狮子"，❶ 一言以蔽之，就是人们心目中的理想的大学校长应该是个无所不能的"多面手"。和美国等世界上多数国家的大学一样，经过多年的发展，尤其是源自 20 世纪 90 年代的高校大扩招以及新世纪创新型国家发展战略对高层次人才的迫切需求，中国的大学也融入了世界高等教育发展的洪流之中，不仅发展规模前所未有，而且发展目标、发展战略、发展方式等也逐渐地与世界接轨，中国大学也一步步地逐渐从被政府寄予厚望的"知识之翼"转向科学研究、人才培养和社会服务的学术共同体，成为促进社会发展进步的"发动机"，作为大学这一机构灵魂代表的校长也当然必须从单纯的代表政府管理学校的官员转变为"学术利益的代言人、国家政策的执行者、教师的楷模、社会利益的主动反映者"，❷ 而现行选任标准的"官员化"倾向显然与形势发展的新变化对大学校长"多面手"角色的要求不相一致，一定程度上也加剧了大学的"行政化"趋势，尤其是中国大学行政级别的现实存在，更容易使大学校长追求行政级别的提升，重视短期效益的获取，甚至出现急功近利等不良现象。

（二）选拔任用方式的"行政化"特征与大学组织"学术性"的本质属性不契合

组织特性是一个组织区别于另一个组织特有的、特别的或特殊的根本属性，正确认识和把握一个组织的根本特性，是开展组织各项工作的基础和前提。组织世界虽形形色色，但主要组织类型有三种，分别是政治组织（政府组织）、经济组织（企业）和社会组织（如教会、医院、学校）。❸ 大学作为社会组织的一种，尽管其与社会其他组织（如政治组织、经济组织等）有着

---

❶ ［美］克拉克·克尔. 大学之用（第五版）［M］. 高铦，高戈，汐汐，等，译. 北京：北京大学出版社，2008：16-17.

❷ 注释：这是王洪才（2009）在《大学校长：使命·角色·选拔》一书中提出的现代大学校长四种基本角色。

❸ 李巧针. 从大学的组织特性谈我国大学校长遴选制改革［J］. 江苏高教，2011（5）：23.

千丝万缕的联系，但是"大学本质上是一个做学问的场所，致力于保存知识，增进系统化的知识，培养远高于中等教育水平之上的学生"。❶ 而"在任何社会里，学术工作都是围绕着特殊的理智材料组织起来的"。❷ 就大学而言，其"基本材料很大程度上构成各民族中比较深奥的那部分文化的高深思想和有关技能"，❸"这些学问或者还处于已知与未知之间的交界处，或者虽然已知，但由于它们过于深奥神秘，常人的才智难以把握。"❹ 可以说学术性是大学的天然胎记。大学组织的学术性属性决定了其最重要的职能是"在尽可能有利的条件下深入研究各种现象：物质世界的现象、社会世界的现象、美学世界的现象，并且坚持不懈地努力去发现相关事物的关系"，"大学除了要尽力查明事实外，还要利用智力将事实拼串起来，要进行推理和思考。"❺ 而要实现这一职能，必然要求大学有崇尚自由、追求真理、渴望民主的理想环境诉求，体现在大学校长的选任上，就是不仅要考察候选者的政治素质和领导能力，更要注重其学术素养和教育水平，要将符合上述条件的人选拔出来的不二法门就是要充分发扬民主，让广大师生员工参与进来，因为"教师比其他人更清楚地知道谁有资格成为教授"，❻ 同样，他们在校长人选上也应该有知情权和发言权。而目前由于我国大学校长官员身份的事实存在，所以其选任自然也就参照甚至照搬党政机关选拔任用官员的行政化方式，这种方式的显著特征就是按组织程序办事，重视组织的考察，体现组织的意图，这与大学学术性组织的本质属性是不太契合的。

（三）选拔任用对象的"一体化"方式与高职教育"类属性"特征不吻合

由于国情与历史的原因，中华人民共和国建国后，包括教育在内的诸多领域大多一味模仿乃至照搬前苏联的模式，体现在高等教育上就是走专业化发展

---

❶ ［美］亚伯拉罕·弗莱克斯纳. 现代大学论——美英德大学研究［M］. 徐辉，陈晓菲，译. 杭州：浙江教育出版社，2001：201.

❷ ［美］伯顿·克拉克. 高等教育系统——学术组织的跨国研究［M］. 王承绪，等，译. 杭州：杭州大学出版社，1994：11.

❸ ［美］亚伯拉罕·弗莱克斯纳. 现代大学论——美英德大学研究［M］. 徐辉，陈晓菲，译. 杭州：浙江教育出版社，2001：11.

❹ ［美］约翰·S·布鲁贝克. 高等教育哲学［M］. 王承绪，等，译. 杭州：浙江大学出版社，2002（第三版）：2.

❺ ［美］亚伯拉罕·弗莱克斯纳. 现代大学论——美英德大学研究［M］. 徐辉，陈晓菲，译. 杭州：浙江教育出版社，2001：10.

❻ ［美］约翰·S·布鲁贝克. 高等教育哲学［M］. 王承绪，等，译. 杭州：浙江大学出版社，2002（第三版）：32.

道路，实行的是"单轨制"，真正意义上的高职是难觅踪影的，彼时的"高专"（高等专科学校）实际上是作为普通高等学校的一种补充，是比四年制大学低一个层次的高等教育，类同普通本科院校的"压缩饼干"，因此在其校长的选任上与普通本科院校校长一样对待也就顺理成章了。改革开放后，在社会发展的强势需求驱动下，在社会各界的通力推进下，我国高职走上了快速发展的道路，高等职业教育在数量规模上得到长足增长的同时，其作为与普通高等教育不一样的"类属性"特点也取得了广泛的共识，正如大众化理论的提出者马丁·特罗教授曾指出的那样，高等教育系统在大众化和普及化阶段，将不再是同一模式，而是呈现多样性特点。而另一位美国学者 Birnbaum R.（1983）则认为，多样性的高等教育系统能够更好地满足社会与机构的需要。在其专著《维持高等教育多样性（Maintaining Diversity in Higher Education）》中，从系统、结构、教学等七个方面明确了高等教育机构的多样性。在这样的情况下，对如此众多的高等学校进行适当的区分实为一种必需，正如美国著名教育家伯顿·克拉克从系统论角度指出的那样，"在各高等学校和各种类型学校中实行分工是愈加必要了，这种分工使各个不同单位都能全心全意地致力于各种不同的任务。"❶ 他进而建议，"要使多样性和双重性合法化。人们必须帮助各高等学校和各类高等教育明确和确定各不相同的职责、各不相同的任务搭配。"❷ 联合国教科文组织《国际教育标准分类法》（1997 年修订稿）中对第三级教育第一阶段 5A 与 5B 的区隔也正是基于这一现实的体现。其中 5A 是理论型的，主要探究的是科学知识；5B 是实用技术型的，主要关注技术知识。

在上述背景环境和现实状态下，作为实施高等职业教育的主要机构——高职院校的功能从普通高校中分化出来并独具特色就是一种必然。简单来说就是高职院校主要培养把科学原理应用到社会实践并转化为产品的技术技能型人才，普通高校着力培养从事揭示事物发展客观规律的学术型人才；高职院校主要处理技术知识（程序性知识），普通高校则主要负责科学知识（陈述性知识）的加工。这种功能的分化与区隔必然要求从教人员有着不一样的知识结构与素质要求，同样对包括校长在内的管理人员也有着不同的胜任条件，而目前将其等同于普通高校的校长"一体化"选任方式与高等职业教育"类属性"

---

❶ ［英］迈克尔·夏托克编. 高等教育的结构与管理［M］. 王义端，译. 上海：华东师范大学出版社，1987：33.
❷ ［英］迈克尔·夏托克编. 高等教育的结构与管理［M］. 王义端，译. 上海：华东师范大学出版社，1987：44.

特征显然是不太吻合的。

第二节　基于胜任力的高职院校校长选任特点

如前所述，胜任力是指可以有效测量的、个体与特定岗位或组织相联系的、能揭示其绩效的特质，包含相应的知识、技能、态度、信念和动机等。基于胜任力的校长选任谋求最大限度地实现人、职和组织匹配，尤其是特定岗位（或组织）的胜任力模型往往给出了完成相应工作所需的全部要求，因而基于胜任力的选任通常最有可能找到最具成功潜力的人员，用 Right 管理咨询公司驻美国纽约办公室主管安德里亚·艾森伯格（Andrea Eisenberg）的话来说，"如果我们把资源用来开发那些具有成功潜力的员工，而不是把钱花在那些不具备相关胜任能力的员工身上，那么我们就可以实现人力资源投资的最优化。"❶ 基于胜任力的高职院校校长选拔也不例外。与传统的校长选任相比，其主要特点有以下几点：

一、选任标准与岗位要求高度一致

选任标准的制定是选拔任用的前提性条件。客观上，基于胜任力的高职院校校长的选任标准是以校长岗位胜任力模型为依据的，而高职院校校长胜任力模型的构建是建立在实际校标样本基础上的，校标取样的重要性在于"我们从超级明星身上学到的东西最多"❷。校标取样考察的主要是与当事者工作绩效相关的指标，即工作绩效指标（Performance Criteria）。所谓工作绩效指标，一般而言，系指从组织整体层面来看，能测量该工作的产出指标以及这些工作的产出与组织中其他单位或个人之间的利害关系指标。再者，工作绩效指标并非单指量化的数据，它还包括了品质内涵以及行为表现。举例而言，在服务性工作中，所谓的工作绩效指标可能是"针对顾客的需求或问题立即且合适地提供有效的解决方案或回答"；在某生产线工作中，其工作绩效指标可能为"在 A 时间内，生产具备 B 品质的 C 产品共计 D 个"。❸ 同样，对高职院校校

❶ ［美］安托尼特·D·露西亚，理查兹·莱普辛格. 胜任——员工胜任能力模型应用手册［M］. 北京：北京大学出版社，2004：33.
❷ 王继承. 谁能胜任：胜任力模型及使用［M］. 北京：中国财政经济出版社，2004：32.
❸ 李正伟. 基于人才素质测评与胜任力模型在企业后备干部选拔中的应用研究［J］. 现代商贸工业，2008（12）：167.

长工作而言，其工作绩效指标就是领导学校实现应用型人才培养、组织相关研究和服务经济社会发展的成效大小和影响远近，不难看出这与高职院校校长岗位的要求是高度一致的。

二、选任目标与组织愿望有效契合

简而言之，基于胜任力的高职院校校长选任目标是能够找到最能适合担任校长一职的人才，做到人尽其才、才尽其用。换句话说，就是希冀能够帮助学校找到了解高职院校特定文化、具备领导和管理才能、把握高职院校发展战略的专门人才。这一目标与党和政府对包括高职院校在内的高校领导干部的配备要求是有效契合的。中共中央组织部、人事部、教育部《关于深化高等学校人事制度改革的实施意见》（人发［2000］59号）中明确规定，"要选拔那些政治坚定、师德高尚、学术水平较高、具有较强领导能力和管理水平的同志担任高等学校的领导职务，特别要注重选配好党委书记和校长。"可以认为这是基于胜任力的高职院校校长选任目标的又一阐述。

三、有利于选拔出具有潜力的理想人选

传统的选任往往比较重视考察候选者的知识、技能等外显特征。一方面这些特征能够方便测量鉴定，另一方面这些特征也确实能够一定程度上与工作绩效相关联。但是，对于复杂职位而言，往往起关键作用的是深层次的自我概念、动机和态度等特质要素。高职院校校长职位显然是属于复杂性职位之一。由于传统的选拔方式难以对这些关键特质进行评测，因而往往也就不能有效评价。基于胜任力的选任为这一难题的解决提供了可能——因为作为选任基础依据的胜任力模型要素的构成既包括知识和技能等显性特征，也包括价值观、动机等隐性特征，因而最有可能把最具潜力的人选拔出来，有利于"潜力股"的脱颖而出，同时这样的选任也具有相对较高的成本效益。

第二节　基于胜任力的高职院校校长选任程序与方法

一、明确选任校长职位

根据胜任力理论，不同岗位（或组织）对人才的要求也不相同，因此明确需要选任的高职院校校长职位是成功选出合适人选的首要前提——因为不同

类型的高职院校对担任校长的人选知识、技能、素养和动机等各不相同，因而需要根据不同校长职位设计对应的选任标准与测试内容。

二、基于胜任力的职位分析

基于胜任力的职位分析就是以特定职业或岗位胜任力模型为基本依据，通过分析该职业或岗位优秀人员的关键特征、组织环境和相关变量等要素来确定有关职业或岗位的胜任特征。与传统的职位分析相比，基于胜任力的职位分析具有以下特点：第一，职位分析依据来源于实际效标样本测得的要素，也就是说是以特定岗位中的人为出发点的；第二，要素比较全面。不仅关注外显的知识和技能要素，同时关注素养、动机等内隐要素；第三，强调与组织战略紧密联系，注重与组织整体利益的长期匹配。在前述胜任力特征要素确定过程中不难发现，正是基于特定职业或组织中的个人行为和表现的综合分析后，才得出胜任该职业或组织要求的胜任特征的，换言之，基于特定工作中的人并不是孤立的个体，而是与组织环境、组织文化和组织发展过程密切融合的个体，因而是最能体现"人员—职位—组织"匹配特点的。

三、发布选任公告

通常来讲，选任公告的发布范围越广，那么可供选择的人选范围就越大。选任公告需要明确选拔职位要求以及相关说明、选拔范围、报名条件与资格、选拔程序和遴选方式、时间安排等。对有特殊要求的职位，需要明确附加的条件。采用多渠道发布方式可以有效扩大公告的传播范围。与传统的选任方式不同的是，基于胜任力的校长选任除了基本的个人信息外，在报名申请表上还要根据上文职位分析的结果设计反映报名者胜任特征的内容，以便于下一阶段的初步审查，进而提高选任效率。

四、报名与初审

初审内容包括资格审查和基本胜任条件审查两个方面。资格审查相对简单，只要根据选任公告相关要求进行，比如学历、资历等。基本胜任条件审查前，需要根据胜任力模型制定一套用于胜任条件初步审查的标准，然后根据标准确定进入下一步测试的人员名单。

五、基于胜任力的测试

通常包括笔试和面试两个环节。这是基于胜任力的选任最为关键的一个程序，也是过程比较复杂的一个程序。

（一）笔试

笔试主要考察应试者对担任高职院校校长应具备的基本理论、基本知识、基本方法和相关专业知识的掌握情况，尤其是运用理论、知识和方法分析解决校长工作中出现的实际问题的能力。试题类型分为客观性试题和主观性试题。客观性试题包括判断题、选择题（单项选择题、多项选择题）等；主观性试题包括辨析题、论述题、案例分析题、写作题、申论题等。试题难度根据选拔职位对知识和能力素养的要求确定。试卷中不同难度的试题比例要适当，以使有较好的区分度。为了做好这项工作，应提前根据《高职院校校长胜任力模型》等相关材料设计好笔试用试卷或试题库。当然，由于选拔的是高职院校校长，其基本条件往往要求具备一定的资历、学历、能力等，因此根据实际情况笔试环节也可以省略，可以默认候选人已经达到胜任校长这一岗位所需的知识要求和基础能力。

（二）面试

与传统的面试方式不同，基于胜任力的高职院校校长选任的面试需要采用结构化面试方式。所谓结构化面试（Structured Interviewing）是指"根据特定职位的胜任特征要求，遵循固定的程序，采用专门的题库、评价标准和评价方法，通过考官小组与应考者面对面的言语交流等方式，评价应考者是否符合招聘岗位要求的人才测评方法"[1]。结构化面试通常包括行为描述性面试（简称行为面试）和情景性面试。

行为面试的理论基础是行为的连贯性原理。其假设前提是，一个人过去的行为能预示他未来的行为。正如一个经常迟到的人，下次迟到的概率依然较高一样。它是一种能有效排除个人的主观因素、以行为为依据、以目标为导向的有效选才工具，也是基于胜任力的人才选任的重要测试工具。有学者研究表明，非行为化面试与未来工作绩效的相关系数为 $0.05 \sim 0.19$，而行为面试的相关系数可达到 $0.48 \sim 0.61$，[2] 可见，与传统的面试相比，行为面试的准确度

---

[1]　时勘. 结构化面试 ［EB/OL］. http：//ke. baidu. com/view/c40745337cd184254b353548. html，2014 – 4 – 8.

[2]　Lyle M S，Singne M S，Competence at work，New york，John wiley&Sons，lnc.，1993. 转引自刘红艳. 基于胜任力模型的企业招聘流程构建研究 ［D］. 华东师范大学硕士论文，2009：23.

和有效性有了很大的提高。Tomjanz，Lowell Hellervik 和 David C . Gilmore 曾总结过行为面试的几个特点：

（1）实地测试求证（Field Tested and Proven）。应聘者在描述自己经历过的真实事件，采集的信息更加直接客观、真实可信。

（2）可靠性（More Defensible）。在行为描述面试中能够采取一些方法保证信息的可靠性，比如对细节和数据进行记录，面试最终的选择基于充分的材料和证据上，能够保证结果的可信度。

（3）高成本效益（Cost Effective）。比传统面试更加减少面试的反复次数，能够缩短招聘时间周期，提高面试的经济回报。❶

为了进一步增加面试的可靠性，可以在进行结构化面试的同时辅以公文筐测验、无领导小组讨论等评价中心法。

六、基于胜任力的背景调查

实施基于胜任力的背景调查是帮助组织选任最佳高职院校校长人选的又一保障。可以采取与现行的党政领导选拔任用组织考察相同的程序，即采取个别谈话、发放意见征求表、民主测评、实地考察、查阅资料、专项调查、同考察对象面谈等方法。需要强调的是，与党政领导选拔任用组织考察有所不同的是，基于胜任力的背景调查除了核实候选人的个人信息等基本内容外，更为重要的是要甄别之前环节中没有充分体现的胜任力要素以及某些不确定乃至存疑的问题。因此，用于背景调查的调查表等工具需要根据《高职院校校长胜任力模型》等相关资料进行精心设计，确保考察的有效性。同时，为了尊重候选人，背景调查前应该履行告知义务并在获得候选人的签字同意后实施。

七、人选讨论并确定

根据设定的选任方案进行统计，将综合得分靠前的一定数量的候选人按照规定提交讨论并作出最终录用人选决定。

第四节　基于胜任力模型的高职院校校长选任行为面试设计

在上述基于胜任力的高职院校校长选任程序中，对候选人进行结构化面试

---

❶ 刘红艳. 基于胜任力模型的企业招聘流程构建研究［D］. 华东师范大学硕士论文，2009：24.

是一个非常关键的环节。在结构化面试中，尽管行为面试和情景面试都使用了详细的工作描述来建立结构化格式，两者也都成为当前人才选拔中使用最为广泛、效果最为显著的测评方法，但是两者还是有区别的，Pulakos 和 Schimtt 在研究美国联邦调查局人才选拔面试中发现，"情景面试不适合用于联邦调查局这样复杂的部门和职位的人才选拔，并认为行为面试比情景面试在选拔复杂职位和高层次人才时更为有效"。[1] 由于高职院校校长职位的特殊性和复杂性，因此选择行为面试作为校长选任的主要测试方式更为合适。

一、制定行为面试方案

一套科学、完整和可行的方案是行为面试取得良好效果的保证。行为面试方案一般包括考官的选择、考题的准备、考场的安排等主要环节。

（一）考官的选择

行为面试是由考官主导实施的，因此考官自身素质水平的高低对面试结果有着决定性的影响。通常要求考官具备正直的品格和良好的修养、有丰富的工作经验、有渊博的知识、有较强的人际交往能力、有良好的自我认知、明确选任职位的要求等。为了最大限度地保证面试过程的客观公正和面试结果的准确有效，一般考官有多人组成，以 5～9 人为宜，取单数，包括上级组织部门代表、有丰富经验的校长代表和心理学、教育学专家代表等。

为了减少考官在面试过程中的偏差，在行为面试实施前针对考官团队进行适当的培训是必须的环节。培训除了帮助考官团队成员之间建立和谐合作的关系外，重点应关注统一评分标准、改善提问技巧、明确成员分工等事项。

（二）考题的准备

试题应能考察出候选人胜任校长职位所需的知识、技能、素养和动机等外显及内隐的个体特性。出题的依据主要来源于前文建构的高职院校校长胜任力模型所涵盖的内容。考虑到时间等因素，不可能也不必要将所有胜任力要素在这个环节加以考察，所以需要对胜任力模型要素进行适当取舍，从中选择 8～10 个核心要素进行考察。

为了使考官们评定时便于实施操作，同时使误差减少到最小，以体现结构化面试的优势，在试题确定后应同时确定各题的评分标准。评分通常采用 10 分制，也可以采用五级评分制。

---

❶ 吴小玲. 行为面试和情景面试的比较 [J]. 考试周刊，2011（13）：17.

（三）考场的安排

考场的环境对面试结果也会产生影响，因此不容小觑。主要要求有：一是考场必须整洁、安静、明亮；二是考场面积应适中，一般以 30~40 平方米为宜（如条件允许，最好宽敞一些，布置雅致）；三是温度、采光度适宜；四是每个独立的面试考场，除主考场外，还应根据考生的多少设立若干候考室。候考室的选择应与主考场保持一定的距离，以免相互影响。❶

二、设计行为面试问题

（一）核心要素选择

本研究所建构的高职院校校长胜任力"格式塔"模型共含有 22 项胜任力要素。这些要素中的知识类要素可由笔试进行测定，考虑到要素本身的特点（有些要素可以通过背景调查等方式获得相应信息）以及测试时间等方方面面的因素，本着准确、科学和简约原则，根据德尔菲法（Delphi）确定全局观念、战略思考、分析判断、行动力、公关力、创新意识、自信、成就导向等 8 项为需要在行为面试环节中进行考察的胜任力要素，其中战略思考、分析判断、行动力、公关力和成就导向为优秀高职院校校长胜任特征，见表 5－1。

表 5－1　需要在行为面试环节考察的胜任力要素

序号	胜任力要素
1	全局观念
2	战略思考*
3	分析判断*
4	行动力*
5	公关力*
6	创新意识
7	自信
8	成就导向*

备注：*为优秀高职院校校长胜任力要素。

（二）问题转化

上述胜任力核心要素只有转化成可供操作的具体问题时才能在行为面试中进行考察，而且转化的问题需要是行为性问题，而不是理论性问题或引导性问

---

❶ 胡蓓，张文辉. 职业胜任力测评 [M]. 武汉：华中科技大学出版社，2012：80.

题。所谓行为性问题是反映被试人行为的特征、状态、进展和结果的问题。一般通过让考生确认在过去某种情景、任务或背景中他们实际做了什么，从而取得考生过去行为中与一种或数种能力要素相关的信息。目的是通过关注考生过去的行为，而预测考生将来的表现。❶ 与行为性问题不同，理论性问题主要考察被试人的价值判断和意见要求，而不是具体做了什么。而引导性问题通常使被试人的回答容易被提问者诱导，进而组合成提问者内心预先设想的结构，因而无法充分反映真实情况。尽管引导性问题与诱导性提问略有不同，但两者往往会混用，因此在行为面试中通常也被要求避免。以几种能力（解决问题的能力、适应能力、销售能力、团队协调能力）为例，三者之间的区别见表5－2。

表5－2　理论性问题、引导性问题和行为性问题的比较

能力	理论性问题	引导性问题	行为性问题
解决问题的能力	你怎样解决生产过程中出现的问题？	你能解决质量出现的问题吗？	请讲一个你最近在工作中遇到的问题，你是怎样解决的？
适应能力	如果你必须按照不断变化的要求调整计划，你会感觉怎样？	如果在短短的时间内要换多个工作岗位，你会介意吗？	请讲一个你必须按照不断变化的要求来调整计划的事例，当时的情况怎样？结果又怎样？
销售能力	为什么你认为你可以做销售这一行？	你能接受我们给你定出的销售目标的挑战吗？	请描述一个在过去一年中你做的最大一笔订单的情况，你是怎样完成的？
团队协调能力	你将如何对付难以管理的员工？	你擅长解决矛盾或冲突吗？	作为一名主管，你曾如何处理棘手的员工事例？

资料来源：何发平．行为描述面试的开发与实施［J］．商场现代化，2007年12月下旬刊：295

经转化的与高职院校校长胜任力核心要素相对应的行为性问题，见表5－3。

表5－3　高职院校校长胜任力核心要素对应的行为性问题

序号	胜任力要素	对应的行为性问题
1	全局观念	请谈谈你是怎样从组织整体和长远的角度考虑决策并实际开展某项工作的？
2	战略思考	请举出一个过去工作中自己为求得组织长期生存和不断发展而提出的总体性谋略
3	分析判断	在工作中你是怎样根据复杂的外部信息进行分析、得出结论并据此采取行动的？请根据亲身经历的实例来详细说明

❶　行为性问题［EB/OL］. http://topic.yingjiesheng.com/mianshi/wenti/042041K932012.html，2013－11－12.

序号	胜任力要素	对应的行为性问题
4	行动力	请举一个在工作岗位上面对复杂局面和困难主动开展工作并取得成效的案例
5	公关力	请阐述在过去的岁月中自己有目的、有计划地改善公共关系的实际经历和主要做法
6	创新意识	请说出在以往工作和生活中引发的创新设想并付诸实施的事例
7	自信	请回忆一下，领导曾经交给你一项难度很大、看似无法完成的任务，当初你是怎样接受这项任务并完成的？
8	成就导向	几年前（如 5 ~ 10 年前）你是做什么具体工作的？请谈谈你是怎样一步一步发展到今天的？

（三）设计行为指标

待测胜任力要素转化成行为性问题后，为了便于面试时赋值打分，因而还需要将上述问题按照行为的表现程度和结果情况进行细化处理，即需要设计每一问题的行为指标并附上相应的分值，见表 5 - 4。

表 5 - 4　行为指标表现及相应分值

分值		行为程度	行为表现
十分制	五级制		
0	E	不具备	被试不具备该项胜任力所描述的要求
1 ~ 3	D	稍微具备	被试在极少情况下具备该项胜任力所描述的要求
4 ~ 6	C	基本具备	被试基本具备该项胜任力所描述的要求
7 ~ 8	B	较好具备	被试较好具备该项胜任力所描述的要求
9 ~ 10	A	完全具备	被试完全具备该项胜任力所描述的要求

通常认为，一套合格的基于胜任力模型的行为面试问题应符合以下三个要求：

第一，开放式的题目。让被面试者在回答中不是简单地回答"是"或"否"，而是要求其用较多的语言回答，因为从丰富的语言表达中才能获取更多的信息，从而能更好地考察被面试者的胜任力。比如对销售人员，应重点考察其人际沟通技巧或主动性。

第二，强调陈述最近的事例。如果被面试者对其过去很久的经历总是夸夸其谈，但是对于最近所取得成绩总是回避，那应该引起面试官的注意。

第三，注重题目的内在联系。在测评同一胜任力时可提问多个不同问题，以相互验证，考察其是否自相矛盾。比如在对应聘销售岗位的被面试者进行面试时，可先问"您以前从事过销售工作吗？"再接着追问"请讲述一下您遇到

过的最有挑战的客户?"❶

　　需要考察的高职院校校长胜任力要素行为性问题及指标，见表5－5。

表5－5　与待测胜任力要素对应的行为性问题及相应指标

胜任力要素	行为性问题	具体行为表现	对应等级	或分值
全局观念	请谈谈你是怎样从组织整体和长远的角度考虑决策并实际开展某项工作的?	被试说不出从组织整体和长远考虑决策并开展的实际工作，罔顾左右而言他，思路混乱，言语不清	E	0
		基本能够说出开展的某项具体工作，但是极少能够看出被试是从组织整体和长远进行考虑的，思路不够清晰	D	1~3
		能够说出开展的某项具体工作，基本能够反映被试是从组织整体和长远进行决策的，思路比较清晰，但重点不够突出	C	4~6
		能够清楚地讲述某项具体工作，思考和决策的过程反映出被试是着眼于组织整体和长远利益的，思路清晰，重点突出	B	7~8
		非常清晰地按照要求说出某项具体的重要工作，从中完全能够反映出被试着眼于组织整体和长远进行考虑并决策的过程，重点突出，言简意赅	A	9~10
战略思考	请举出一个过去工作中自己为求得组织长期生存和不断发展而提出的总体性谋略	没有回答或虽然作答但与要求严重不符，看不出被试对组织使命和战略的理解认识	E	0
		经提示能够作答，但所举实例不能反映出被试了解组织使命，缺乏把握组织面临的机遇和挑战的能力	D	1~3
		能够根据要求举出具体的谋略实例，基本能够反映被试了解组织战略的制定背景、原则、方法，对组织面临的机遇和挑战有一定的认识	C	4~6
		对组织使命认识比较清楚，理解组织发展战略，提出过有利于组织长远发展的总体性谋略并得以实施	B	7~8
		对组织使命有十分清醒的认识，深刻理解组织发展战略，提出过对组织长远发展又重要价值的总体性谋略，实施后效果显著	A	9~10

❶　刘红艳. 基于胜任力模型的企业招聘流程构建研究［D］. 华东师范大学硕士论文，2009：26.

胜任力要素	行为性问题	具体行为表现	对应等级或分值	
分析判断	在工作中你是怎样根据复杂的外部信息进行分析、得出结论并据此采取行动的？请根据亲身经历的实例来详细说明	没有回答或虽然作答但与要求严重不符	E	0
		经提示能够作答，但所举事例不能明确判断是被试亲历，或者虽为被试亲历，但不能反映出被试具有厘清复杂的外部信息并作出判断的能力	D	1~3
		基本能够回答出符合要求的实例，从中反映出被试能够根据已知的事实和现象进行分析推理得出结论，进而制定比较合适的方案并采取行动	C	4~6
		能够按照要求列举相关实例，从中反映出被试能够较快把握事物的本质，有自己独立的见解，有一定的决断能力和综合能力	B	7~8
		能够迅速、清晰地按照要求列举亲身经历的实例，从中能够明确判断被试具有卓越的逻辑思维能力和心理分析能力，对事物的本质把握的非常准确，能够迅速提出最优的行动方案并付诸行动	A	9~10
行动力	请举一个在工作岗位上面对复杂局面和困难主动开展工作并取得成效的案例	虽经思考但是说不出符合要求的案例，反应迟钝，言语不清，明显缺乏自信	E	0
		经提醒能够说出具体案例，但不太能够看出被试在工作中的主动性和积极性，成效也不明显	D	1~3
		能够陈述具体案例，从工作的过程能够看出被试具有一定的主动行为能力和自信心	C	4~6
		能够按照要求陈述符合要求的工作案例，从中能够看出被试工作积极，行为的主动性较明显，具有一定的冒险精神和自信特征	B	7~8
		非常迅速地按照要求清晰陈述符合要求的案例，从具体工作过程中明显反映出被试积极主动、行动迅速果断、具有冒险精神、勇于承担责任	A	9~10

续表

胜任力 要素	行为性问题	具体行为表现	对应等级 或分值	
公关力	请阐述在过去的岁月中自己有目的、有计划地改善公共关系的实际经历和主要做法	不能按要求阐述相关内容	E	0
		虽能阐述相关经历，但内容不具体、过程不清晰，未能反映被试社交和公关能力状况	D	1～3
		能够按要求阐述，经历过程可以看出被试基本具备洞察他人心理的能力，有一定的社交能力和改善公共关系的水平	C	4～6
		能够按要求阐述相关经历，实际过程反映出被试具有较好的社交能力，能应对比较复杂的人际场景，在社交网络中有一定的地位和话语权，改善公共关系的能力较强	B	7～8
		能够按要求清晰阐述相关经历，实际过程反映出被试具有卓越的公关能力，善于与社会各阶层人群打交道，面对复杂的社交场面游刃有余，亲和力强	A	9～10
创新意识	请说出在以往工作和生活中引发的创新设想并付诸实施的事例	几乎说不出符合要求的事例	E	0
		虽然说出了具体事例，但是与要求不太吻合，没有明显的创新意识和创新特征	D	1～3
		基本能够说出根据实际工作或社会生活发展需要引发的创造新事物或提出新观念的实例，但创新价值和实施效果一般	C	4～6
		能够按照要求阐述具有创新价值的具体事例，实施效果好，过程反映出被试具有比较明显的创新意识特征	B	7～8
		不仅按照要求清晰说出工作或生活中具有重大创新价值的事例，而且在将创新动机付诸实施的过程中表现出显著的灵活、机智、不囿于常规的创新特征	A	9～10

续表

胜任力要素	行为性问题	具体行为表现	对应等级	或分值
自信	请回忆一下，领导曾经交给你一项难度很大、看似无法完成的任务，当初你是怎样接受这项任务并完成的？	虽经回忆但是还是无法陈述符合要求的任务内容、接受过程和完成情况	E	0
		虽能说出具体任务，但任务性质与要求不符，也未能反映出被试明显的自信特征	D	1~3
		能够按要求阐述一项任务内容，但任务难度一般，被试接受任务和完成过程中表现出一定的自信特征	C	4~6
		能够按要求阐述具体任务，被试接受任务时表现出较强的自信，完成任务的过程中反映出被试具有勇于接受挑战的决心和勇气	B	7~8
		被试接受任务时表现为超强的自信心，坚信自己一定能够克服任何困难，任务完成过程中反映其准确自我定位、迎难而上、有毅力的品格特点	A	9~10
成就导向	几年前（如5~10年前）你是做什么具体工作的？请谈谈你是怎样一步一步发展到今天的？	没有回答或虽然作答但与要求严重不符	E	0
		经提示能够作答，但不能反映出被试具有明确的自我实现意识，安于现状，使命感不强	D	1~3
		基本能够根据要求回答，反映出被试有一定的自我实现意识，愿意接受挑战，有一定的使命感	C	4~6
		准确回答所提问题，能够看出被试对自己有较高要求，不满足现状，有较强烈的渴望成功的动机愿望	B	7~8
		迅速、清晰地回答所提问题，从中明确反映出被试对自己要求极高、渴望追求完美、不断追求事业发展的鲜明个性特征	A	9~10

三、实施行为面试

行为面试的主要过程大致可以分为预备阶段、正式面试阶段和结束阶段等三个阶段，见图 5 - 1。

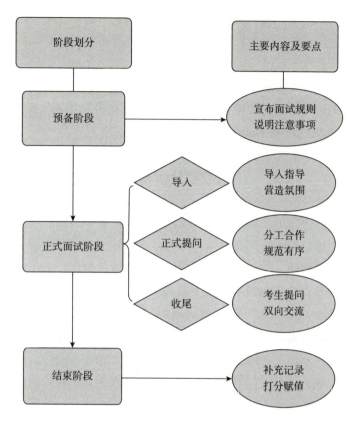

图 5 - 1　行为面试流程图

　　如图所示，预备阶段有考官代表向被试人说明考试的流程、规则等相关事项，同时抽签确定考生考试顺序等一些准备工作也应在这个阶段完成。

　　正式面试阶段通常包括导入阶段、正式提问阶段和收尾三个阶段。在导入阶段，考官往往引入一段结构化的导入语或指导语，尽量营造轻松愉快的氛围，帮助被试放松心情，以良好的心态回答后面的正式提问，从而考察出被试人的真实状态和水平。正式提问阶段需要事先分配好提问人员和问题顺序，兼顾考官的专攻领域和工作量大小，做到统筹协调、和谐合作。考官提问时，原则上是先易后难、先具体后抽象，考察被试人知识、技能等显性特征的问题在前，考察素养、动机等隐性特征的问题在后。收尾阶段除了被试人的正常回答之外，可以留出适当时间鼓励被试提出自己关心的问题，以体现结构化面试双向交流、双向互动的特点。需要说明的是，全局观念、分析判断、行动力和创新意识是合格高职院校校长胜任特征，也是作为一名校长必须具备的基本要求，应严格按照标准把关。而战略思考、公关力、自信和成就导向等四项要素是优秀高职院校校长特征要素，因此在对其进行测试赋值时可以根据情况酌情降低要求。

结束阶段主要是考官根据正式提问阶段的观察考核，补充完善情况记录和打分赋值。同时对面试过程中出现的问题和疑问也可利用这一阶段短暂交流。完成后将评分表交由专门统计人员汇总计算。

第五节　分析与讨论

尽管基于胜任力的高职院校校长选任有赖于适合中国国情的现代大学制度的建立和管理体制的相应配套改革，但这并不影响对其进行理论上的分析探讨和操作上的实施构想。如前所述，与传统的校长选任相比，基于胜任力的高职院校校长选任具有选任标准与岗位要求相一致、选任目标与组织愿望相契合、选任过程有助于"潜力股"的脱颖而出等优势与特点，但这并不是说传统的选任方式一无是处而对其全盘否定，相反，基于胜任力的校长选任其实是传统选任方式的一种演进。实际上基于胜任力的校长选任在其过程设计中还是能够清晰地可见传统选任的一些好的做法的，如基于胜任力的背景调查，尽管调查考察内容和考察要求等与传统选任中的组织考察不尽相同，但是考察过程、组织形式等还是保留了传统的组织考察的一些做法，可以认为是传统的组织考察的发展。

基于胜任力的高职院校校长选任要想取得理想的效果，从方案设计到过程实施需要注意的事项非常多，其中行为面试设计环节至关重要。首先要准确选择待测核心要素。简而言之，核心要素的选择要遵循准确、科学、简约的原则，要将候选者当选后在校长岗位上起主要作用的关键要素以及通过其他手段和方法不易测得的要素，尤其是候选者的动机、价值观等隐性特质作为待测要素。其次，要科学设定与待测胜任力要素对应的行为性问题及相应指标。由于待测核心要素是高度概括的专有概念，如"战略思考"、"成就导向"等，实质上其内涵十分丰富，再加上行为面试本身就是由面试官主导的考官与考生的双向互动，主观性强、不确定因素多，要想将候选者的上述待测胜任特征准确地挖掘并测试出来，对应的行为性问题及更为细致的相应指标的设计就显得十分关键。再次，要注重测试过程，尤其是考官的选择。与历史相对悠久的传统面试相比，基于胜任力的高职院校校长选任行为面试是个新生事物，尚没有足够的经验积累，因此，在这样的情况下，选择具有丰富经验的专家作为考官显得比较重要——因为这样的专家积累深厚，面试技术的可迁移能力也相对较强。对考官除了品格修养等方面的要求外，其人事测评技术水平也是一个重要的考量因素，同时，对胜任力理论的深刻理解、对高职院校校长胜任力要素的特点内涵的准确把握也十分关键。为此，除了专家本身的自觉学习和探索之外，还要安排一定时间进行专业的测前培训。培训内容除了关注组织能力、提问技巧和明确分工等常规之外，重点应放在对待测核心要素内涵的理解和把握以及区别不同行为表现及其赋值的一致性上。

需要明确的是，基于胜任力的高职院校校长选任主体尽管可以多样化：既可以由组织部门担纲，也可以由高职院校自身负责，或者由专业的"猎头公司"承担。但是随着高等学校办学自主权的进一步落实以及现代大学治理的进一步深入，笔者坚信，前者（组织部门）将逐步退出担纲校长选任主体的角色，代之以更具代表性、更加专业化、更显民主性的校长选任专门机构（如高职院校校长选任委员会），以使基于胜任力的校长选任特点更加得以彰显与体现，实现校长管理的科学化。

选任合适的校长对于一所学校的重要性已经无需赘言，正因如此，多年以来，无数专家学者和相关人士对于科学选任校长进行了不屈的艰苦探索，从理论到实践也取得了明显的进步。但校长选任是个永恒的课题，只有更好没有最好，同样基于胜任力的高职院校校长选任也是如此。由于校长选任是个系统工程，除了前述研究中揭示的注意事项和关键点之外，必要的宣传、必需的组织保障和制度保障、足够的经费支持和人员保证等也必不可少。只有基于全社会的共同努力，才能实现预期的目标——选任最合适的人选担任高职院校校长。

研究结论

本研究运用行为事件访谈法、德尔菲法和问卷调查法等多种研究方法，在国内首次对高职院校校长胜任力进行了初步探讨，取得了阶段性的成果，也存在着一些不足和缺陷。

第一节　主要结论和研究创新

一、高职院校校长胜任力概念内涵

通过对胜任力概念的溯源、高职院校特有功能的梳理和高职院校校长的职责阐述，分析归纳了高职院校校长胜任力的概念内涵，体现了本研究概念创新的目标追求。

本研究提出，高职院校校长胜任力是特定个体满足高职院校校长岗位要求的程度。其内涵在内容层面表现为由一系列细化内分、相互关联并有机统一的胜任力要素组成；在条件层面是对高职院校校长工作产生效用的、从外显的知识、才能到内隐的素养、态度和动机等个体特性的反映；在结果层面，根据个体满足高职院校校长岗位要求的程度，可以分为"合格"和"优秀"等不同的层次类别。

二、高职院校校长胜任力模型

"模型就是通过我们对问题的分析，利用我们考察来的机理，吸收一切主要因素，略去一切次要因素所创造出来的一幅图画"（钱学森语）。高职院校校长胜任力模型是指构成高职院校校长胜任力所有要素的集合。本研究运用 BEI 建构的高职院校校长胜任力"格式塔"模型包括两个部分：合格高职院校校长胜任力模块和优秀高职院校校长胜任力模块。前者是衡量作为高职院校校长是否具备胜任校长职位的基础性要求，后者是前者基础上的提高性条件，两者互为联系、互相补充，共同构成衡量高职院校校长胜任特定岗位的能力水平和素质要求的尺度标准。

本研究建构的高职院校校长胜任力"格式塔"模型中包含的胜任力要素的数量，尽管"Spencer 提出，长篇大论的胜任力明细表比不上有用而且必要的少数项目，胜任力模型中包括的胜任特征项目应遵循 Miller 的'神奇数字 7±2'原则取舍，因此，应删除不相关或少见的才能及层级"，❶ 但是另一方面，在缺乏相关研究积累和足够经验的情况下，过于少量的要素数量或许并不一定是最佳的选择，在对研究资料和数据进行分析基础上，结合专家咨询的结果，本研究最终确定合格校长胜任力模块包括"全局观念、决策力、育人情怀、敬业精神、进取心、模范带头、自信、心胸宽广、凝聚力、创新意识、以人为本"等 11 项胜任特征，这是作为一名高职院校校长所必需的基本条件；优秀校长胜任力模块包括"专业知识、战略思考、目标管理、公关力、系统思维、分析判断、行动力、责任心、影响力、批判性思维、成就导向"等 11 项特征要素，这些特征要素具有一定的区分和鉴别功能，是在合格基础上的提高标准。

通过原始资料检验法、运用自编的测量工具（《高职院校校长胜任力调查问卷》）对模型进行验证的结果表明，模型比较符合实际、结构良好、科学有效。该模型的建构为运用胜任力理论改善我国高职院校校长的管理提供了基础性保障，体现了一定的理论创新。

三、基于胜任力的高职院校校长选任

将胜任力理论运用于校长管理实践是本研究的重要目的之一。基于胜任力的高职院校校长选任具有选任标准与岗位要求高度一致、选任目标与组织愿望比较契合、选任过程有助于选拔出具有潜力的人等特点，其主要环节包括明确具体职位并进行基于胜任力的职位分析、发布选任公告、初审、测试、背景调

❶ 徐建平. 教师胜任力模型与测评研究［D］. 北京师范大学博士论文，2004：60.

查和人选讨论确定等。

基于胜任力的高职院校校长选任要想取得理想的目标效果，必须重视方案制定、强化过程管理、提供保障支持。其中行为面试设计环节至关重要。第一，要合理选择待测核心要素。本研究在专家咨询的基础上，结合中国高职院校的实际，最终确定"全局观念、战略思考、分析判断、行动力、公关力、创新意识、自信、成就导向"等8项胜任力要素为待测要素，其中"全局观念、自信和创新意识"为合格校长胜任力要素，这是在测试中需要严格把关的基本条件，而"分析思考、战略思考、行动力、公关力和成就导向"为优秀高职院校校长胜任特征，实际测试中可以根据具体情况适当降低要求。第二，科学设定与待测胜任力要素对应的行为性问题及相应指标。要将比较抽象的胜任力要素准确测试出来，细化准确的、科学合理的、可操作性强的对应行为性问题及其相应指标的设计是关键。行为性问题是反映候选校长行为的特征、状态、进展和结果的问题，是候选人过去实际做了什么并取得了哪些成效的结果再现，这是区别于传统测试问题的主要特征。第三，要有效发挥专家团队的作用，选择合适的专家担任测试考官。无论多么上乘的方案，都需要科学实施才能取得预设的理想目标，而在这个过程中，人的因素是第一要素。尤其是基于胜任力的校长选任中，作为主要测试手段的行为面试过程本身就是由考官主导的与考生的双向互动过程，主观性强、可变因素多，选择素质优、修养好、经验丰富、人事测评技术水平高的专家团队可能是有效解决这一问题的明智之举。

与传统的校长选任相比，基于胜任力的高职院校校长选任目标是找到最能适合担任校长一职的人才，做到"人尽其才、才尽其用"。其选任标准是以高职院校校长胜任力模型为依据的，而高职院校校长胜任力模型的构建是建立在实际校标样本基础上的，校标取样考察的主要是当事者的工作绩效指标，即"该工作的产出与组织中其他单位或个人之间的利害关系指标"。不难看出，这个指标与高职院校校长岗位的理想要求是高度一致的。不仅如此，基于胜任力的高职院校校长选任不单单考察候选者的知识、才能等外显特征，同时也重视考察候选者的素养、动机和态度等深层次特征——因为对于校长职位等复杂职位而言，这些深层次特征往往对个体行为所起的作用更大、更关键、更持久，因而这样的选任有利于把最具潜力的理想人选选拔出来，具有相对较高的成本效益和应用价值，同时也体现了本研究努力追求的实践价值。

第二节 研究存在的不足及展望

尽管本研究取得了预期的研究成果，但是回顾整个研究过程，不少地方还是存在不足乃至缺陷，主要集中在以下几个方面。

一、访谈对象的选择尚不完善

由于受到研究时限和研究经费等客观条件的限制，本研究选择了江苏境内的 16 位高职院校校长为正式实施行为事件访谈的样本对象，兼顾了不同绩效（优秀与普通）、不同类型（三年制高职与五年制高职）、不同地区（苏南、苏中、苏北）。参照前期相关研究的经验性成果和质性研究规范，虽然样本数量也满足了研究的基本需求，但是总体数量还是显得偏少。由于高职院校校长这一群体的特殊性，在性别特征上，男性占据了绝大部分，女性校长数量总体稀少，女性正职校长更是凤毛麟角，加上其他一些客观原因，导致本研究访谈样本对象中缺乏女性校长，代表性显得不足，这不得不说是一个比较明显的缺陷。同时，访谈样本区域仅限一省，其覆盖度和代表性也显不够，这些都是有待在后续研究中加以克服的问题。

二、模型的有效性尚未在实践中得到进一步验证

本研究根据建构的胜任力模型自编了评价工具《高职院校校长胜任力调查问卷》，来评价第二个样本在上述胜任力模型中的胜任特征，考察绩优者和普通者在评价结果上是否有显著差异。但是从更为理想的角度而言，将建构的胜任力模型运用到选拔任用等实际工作中去，然后考察其结果是否真正有效是最为可靠的方法。也就是按照本研究设计的程序方法和操作要点实际选拔高职院校校长，通过一段时期（比如三年）观察，考核其行为表现和绩效情况，看结果是否比以往的传统选任方式更为科学有效？选拔出来的校长是否更能胜任高职院校校长岗位工作？由于受现实的管理体制、运行机制等客观的条件所限，本研究未能在这方面有所作为。对这一问题，今后在条件许可的情况下，笔者将继续跟踪研究，考察模型的应用效果，以便在此基础上进一步完善模型。

三、胜任力理论的运用范围有待进一步拓展

研究胜任力理论，建构高职院校校长胜任力模型，其根本目的归根结底是

要将其运用到实践中去——即在事实性认识的基础上，总结其特有的规律性特点，建构其内部的关系性存在，落实于改进经验层面研究对象的现状。本研究在这方面虽有所突破，初步设计了基于胜任力的高职院校校长选拔任用的程序方法、操作路径和实施要点，但是不能不说其运用范围还是显得较为狭窄，没有能够进一步将胜任力理论拓展到高职院校校长的评价考核、绩效管理、薪酬设计和培养培训等更为宽广的领域。今后将在这方面进行后继研究，力争有所拓展。

第三节 结 语

胜任力理论是 20 世纪 70 年代由美国哈佛大学教授 David McClelland 率先提出的，近半个世纪的研究和实践表明，该理论受到西方各国学术界和企业界的关注与重视，这不仅缘于胜任力对客观现实现象具有很强说服力的解释性以及该理论蕴含的新思想、新理念与时代发展的适切性，而且缘于运用胜任力理论显著优化了现代人力资源管理的原则、方法和路径，使之日益成为各类组织（含教育组织）发挥竞争优势的重要来源和基础保障。同样，国内近年运用胜任力模型对不同行业、企业的领导层测评选拔也取得了较好的效果与业绩。这些事实表明，进一步研究胜任力理论并将其运用到校长管理实践中来，对于改进当下及未来一段时期高职院校校长的管理、提升高职院校校长专业化发展水平、提高高等职业教育质量都具有重要的现实意义。

当然，这不是说胜任力理论是"放之四海而皆准"的普适性真理。相反，本研究认为对其要有一个客观的评价和理性的认识，尤其要防止走向绝对化和教条化。尽管不同的人适应不同岗位工作的可能性是显而易见的，也有了众多事实的明证，胜任力理论也可看做正是基于这种客观事实的理性掘视的结果反映，但这并不表明它就是一成不变的真理，而应该是与时俱进的、动态发展的概念，尤其是在当今的信息时代，工作岗位的流动性更大，岗位需求也日新月异，"往者日益不可恃，来者日益不可追，而现在几已不存在。"❶ 如果在当今的信息时代一味沿用工业社会的理念，有意无意地视人为机器上的一个"器件"，机械地强调人职匹配，片面地追求效率最大化，过度将胜任力理论绝对化，就会有放大人的工具性倾向的危险，出现马克思所揭示的"人的异化"

---

❶ ［美］狄伊·哈克. 乱序［M］. 李明，译. 台北：大块文化出版股份有限公司，2000：44.

现象。因为究其本质而言，胜任力理论终究不过是传统智力理论的一个发展，是人们试图应对环境变化的一种尝试，一定有其理论阐释的限度和应用条件的掣肘。何况尽管胜任力是建立在能有效预测绩效的假设之上的，但迄今为止关于胜任力和绩效之间关系的实证研究成果却并不很多。❶ 此外，从可测性上讲，胜任力揭示的人的内在价值观、动机信念、责任心等一些特质有时对人的行为更具影响力、对绩效更具根本性，但在测量时往往也比较难以精确量化，这也是不能机械地、僵化地对待胜任力理论的另一个不可忽视的原因，更何况本研究对高职院校校长胜任力的研究仅仅是该领域研究中的"沧海一粟"，研究中还存在诸多的不足之处，即使是研究中的收获，仍尚需接受高等教育学术界的批判和高职教育实践领域的检验。因此，从这个意义上而言，本研究实在是万里征程的第一步。

"做一个胜任的校长"——相信这是每一个有志校长职位和已经在校长岗位努力耕耘之士的共同追求，同时也是政府、社会和广大民众的共同期盼。在我国深化高等教育领域改革、大力发展职业教育、努力构建现代职教体系的时代背景下，随着胜任力理论研究的不断深入和实践运用的进一步拓展，笔者坚信这一理想目标也一定可以实现。

让我们为之共同努力！

---

❶ Boyatzis R. E. Competencies in the 21st century. Journal of Management Development，2008，27（1）：5 – 12.

参考文献

一、中文文献

[1] ［美］安托尼特·D·露西亚，理查兹·莱普辛格. 胜任——员工胜任能力模型应用手册［M］. 郭玉广，译. 北京：北京大学出版社，2004.

[2] ［美］伯顿·克拉克. 高等教育系统——学术组织的跨国研究［M］. 王承绪，徐辉，殷企平，蒋恒，译. 杭州：杭州大学出版社，1994.

[3] ［美］查尔斯·维斯特. 一流大学卓越校长：麻省理工学院与研究型大学的作用［M］. 蓝劲松，主译. 北京：北京大学出版社，2008.

[4] 褚宏启，杨海燕. 校长专业化及其制度保障［J］. 教育理论与实践，2002（11）.

[5] 褚宏启，杨海燕. 走向校长专业化［M］. 上海：上海教育出版社，2009.

[6] 常小勇. 我国高等职业教育发展困境分析与对策［J］. 复印报刊资料（职业技术教育），2009（3）.

[7] 陈艳. 中国大学校长选拔任用制度改革研究［D］. 扬州大学博士论文，2011.

[8] 陈华. 名校与名校长的诞生——中国近代"校长群落"研究［M］. 上海：华东师范大学出版社，2011.

[9] 陈英杰. 中国高等职业教育发展史研究［M］. 郑州：中州古籍出版社，2007.

[10] 陈丽. 校长领导力八讲［M］. 上海：华东师范大学出版社，2011.

[11] 陈岩松. 基于胜任力的高校辅导员绩效评价研究［D］. 南京航空航天大学博士论文，2011.

[12] 陈向明，林小英. 如何成为质的研究者［M］. 北京：教育科学出版社，2004.

[13] 陈向明. 教师如何作质的研究［M］. 北京：教育科学出版社，2001.

[14] 陈永明. 《中小学校长专业标准》解读［M］. 北京：北京大学出版社，2011.

[15] 程斯辉. 中国近代大学校长研究［M］. 北京：人民教育出版社，2010.

[16] ［美］David C. McClelland. 测量胜任力而非智力［J］. 乐国安，译. 外国心理学，1984（1）.

[17] 戴本博. 外国教育史（上）[M]. 北京：人民教育出版社，1989.

[18] 董奇. 心理与教育研究方法 [M]. 北京：北京师范大学出版社，2004.

[19] [美] 狄伊·哈克. 乱序 [M]. 李明，译. 台北：大块文化出版股份有限公司，2000.

[20] 戴瑜. 中小学校长胜任力研究：以宁波为例 [D]. 华东师范大学博士论文，2008.

[21] 戴瑜. 英美校长胜任力研究综述 [J]. 外国中小学教育，2008（6）.

[22] 邓旭. 教育政策执行研究：一种制度分析的范式 [M]. 北京：教育科学出版社，2010.

[23] 冯明，尹明鑫. 胜任力模型构建方法综述 [J]. 科技管理研究，2007（9）.

[24] 高兴国. 领导力概念辨析 [J]. 生产力研究，2012（11）.

[25] 龚放. 大学教育的转型与变革 [M]. 青岛：青岛海洋出版社，2008.

[26] 龚放，张红霞，余秀兰，曲铭峰. 教授上讲台是提高高等教育质量的必由之路 [M]. 北京：高等教育出版社，2009.

[27] 龚孝华，吴开华，贾汇亮. 校长专业发展与能力建设研究 [M]. 北京：中国轻工业出版社，2008.

[28] 霍晓丹. 高校辅导员的素质标准与开发：基于胜任力模型的分析 [M]. 北京：北京大学出版社，2013.

[29] 黄达人. 大学的声音 [M]. 北京：商务印书馆，2012.

[30] 黄达人. 高职的声音 [M]. 北京：商务印书馆，2013.

[31] 黄俊杰. 大学校长遴选：理念与实务 [M]. 北京：北京大学出版社，2006.

[32] [美] 哈里·F·沃尔科特. 校长办公室的那个人——一项民族志研究 [M]. 杨海燕，译. 重庆：重庆大学出版社，2009.

[33] 胡蓓，张文辉. 职业胜任力测评 [M]. 武汉：华中科技大学出版社，2012.

[34] 季诚钧. 国内外大学校长选拔制度的比较分析 [J]. 华东师范大学学报（教育科学版），2007（6）.

[35] 蒋朝霞. 试论领导者非权力影响力及其提高的途径 [J]. 中共南宁市委党校学报，2002（3）.

[36] 金祥林. 布鲁纳学习动机论探讨 [J]. 鞍山师范学院学报，1994（1）.

[37] 简伟雄. 领导影响力问题研究 [J]. 领导科学，2011（2）.

[38] 教育部. 2012 年教育统计数据 [EB/OL]. http：//www. moe. gov. cn/publicfiles/business/htmlfiles/moe/s7567/list. html，2013 – 12 – 11.

[39] 教育部师范教育司. 教师专业化的理论与实践（修订版）[M]. 北京：人民教育出版社，2003.

[40] [美] 克拉克·克尔. 大学之用（第五版）[M]. 高铦，高戈，汐汐，等，译. 北京：北京大学出版社，2008.

[41] [美] 克拉克·克尔，玛丽安·盖德. 大学校长的多重生活 [M]. 赵炬明，译. 桂

林：广西师范大学出版社，2008.

[42] 课题组. 中国高校领导者胜任特征模型研究 [J]. 管理世界，2010 (6).

[43] 柯武刚，史漫飞. 制度经济学——社会秩序和公共政策 [M]. 北京：商务印书馆，2001.

[44] 刘道玉. 中国应当怎样遴选大学校长 [J]. 高教探索，2005 (2).

[45] 刘国胜，曾珍香. 中小学校长胜任力模型研究 [J]. 当代教育科学，2009 (22).

[46] 陆谷孙. 英汉大辞典 [M]. 上海：上海译文出版社，2007 (第1版).

[47] 刘红艳. 基于胜任力模型的企业招聘流程构建研究 [D]. 华东师范大学硕士论文，2009.

[48] 刘卷. 赠地学院运动与美国高等职业教育发展及其启示 [J]. 浙江纺织服装职业技术学院学报，2005 (6).

[49] 蓝劲松. 中西大学起源线索考 [A]. 大学文化研究与发展中心. 世界多元文化激荡交融中的大学文化——"海峡两岸大学文化高层论坛"论文集 [C]. 北京：高等教育出版社，2008.

[50] 刘晶玉，娄成武，任峥嵘. 大学校长胜任力模型研究 [J]. 现代大学教育，2010 (4).

[51] 林立杰. 高校教师胜任力研究与应用 [M]. 北京：中国物资出版社，2010.

[52] 林染. 领导赢在管人 [M]. 北京：中国华侨出版社，2006.

[53] 林森. 教育家办学导论——校长专业化发展的使命与策略 [M]. 北京：人民教育出版社，2010.

[54] 林洁，杨晓燕. 依托行业企业，高职院校科研一样能做出特色 [EB/OL]. http://www.chinanews.com/edu/edu-jygg/news/1965750.shtml，2009-11-16.

[55] 李明斐，卢小君. 胜任力与胜任力模型构建方法研究 [J]. 大连理工大学学报（社会科学版），2004 (1).

[56] 李蔺田. 中国职业技术教育史 [M]. 北京：高等教育出版社，1994.

[57] 李昌明. 领导力与造就优秀企业人才 [J]. 经济论坛，2005 (6).

[58] 李维安，王世权. 大学治理 [M]. 北京：机械工业出版社，2013.

[59] 李德方，董存田. 游离与回归：我国高等学校自主招生的历史考察 [J]. 江苏高教，2013 (4).

[60] 李德方. 中日高等职业技术教育发展状况的比较 [J]. 江苏技术师范学院学报，2005 (1).

[61] 李德方. 现阶段我国高等职业教育发展问题及对策——基于入学与就业的视角 [J]. 职教论坛，2010 (34).

[62] 李正伟. 基于人才素质测评与胜任力模型在企业后备干部选拔中的应用研究 [J]. 现代商贸工业，2008 (12).

[63] 李巧针. 从大学的组织特性谈我国大学校长遴选制改革 [J]. 江苏高教，2011 (5).

［64］刘维良，赵亚男，钟祖荣．北京市中学校长胜任力模型研究［J］．中小学管理，2007（12）．

［65］兰英．英国师资培训新动向及几点启示［J］．比较教育研究，1998（1）．

［66］卢乃桂，操太圣．中国教师的专业发展与变迁［M］．北京：教育科学出版社，2009．

［67］［英］迈克尔·夏托克．高等教育的结构与管理［M］．王义端，译．上海：华东师范大学出版社，1987．

［68］［英］迈克尔·夏托克．成功大学的管理之道［M］．范怡红，主译．北京：北京大学出版社，2006．

［69］［德］马克斯·韦伯．新教伦理与资本主义精神［M］．斯蒂芬·卡尔伯格，英译．苏国勋，等，中译．北京：社会科学文献出版社，2010．

［70］［美］罗伯特·西奥迪尼．影响力［M］．闾佳，译．沈阳：北方联合出版传媒（集团）股份有限公司万卷出版公司，2010．

［71］［美］罗伯特·G·欧文斯．教育组织行为学：适应型领导与学校改革（第八版）［M］．窦卫霖，温建平，译．北京：中国人民大学出版社，2007．

［72］毛泽东．中国共产党在民族战争中的地位［M］．毛泽东选集（第二卷），北京：人民出版社，1991：526．转引自：陈艳．中国大学校长选拔任用制度改革研究［D］．扬州大学博士论文，2011．

［73］马龙海．当代中国大学校长领导力发展研究［M］．北京：中国人民大学出版社，2012．

［74］牛维麟，李立国，詹宏毅．大学校长职业化的探究与启示［J］．中国高等教育，2009（11）．

［75］曲绍卫．大学竞争力研究：基于新制度经济学分析框架［M］．北京：教育科学出版社，2008．

［76］任君庆．高职院校校长的基本特质探析［J］．中国高教研究，2011（12）．

［77］时勘．结构化面试［EB/OL］．http：//ke．baidu．com/view/c40745337cd184254b353548．html，2014－4－8．

［78］时勘，王继承，李超平．企业高层管理者胜任特征模型评价的研究［J］．心理学报，2002（3）．

［79］时勘，侯彤妹．关键事件访谈的方法［J］．中外管理导报，2002（3）．

［80］时勘．基于胜任特征模型的人力资源开发［J］．心理科学进展，2006，14（4）．

［81］时雨，张宏云，范红霞，时勘．360度反馈评价结构和方法的研究［J］．科研管理，2002（5）．

［82］时晓玲．用心做校长［M］．北京：教育科学出版社，2010．

［83］史万兵．教育行政管理［M］．北京：教育科学出版社，2005．

［84］索尔蒂斯．教育的定义［J］．沈剑平，等，译．瞿葆奎．教育学文集·教育与教育学

[C]．时勘．胜任特征研究的新进展［J］．南开管理评论．2003（2）．

［85］商务印书馆．朗文当代英语大辞典［M］．北京：商务印书馆，2004．

［86］桑新民．呼唤新时代的哲学——人类自身生产探秘［M］．北京：教育科学出版社，1993．

［87］［美］塔尔科特·帕森斯．社会行动的结构［M］．张明德，夏遇南，彭刚，译．北京：译林出版社，2012．

［88］田季生．高校管理中非权力性影响力结构分析——以领导班子为视角［J］．黑龙江高教研究，2009（8）．

［89］陶行知．中国教育改造［M］．北京：人民出版社，2008．

［90］陶保平，黄河清．教育调查［M］．上海：华东师范大学出版社，2005．

［91］汤勇．修炼校长力［M］．成都：四川文艺出版社，2009．

［92］王飞，王运来．论大学校长的主体性——教育家型大学校长成长的路径设计［J］．中国高教研究，2011（5）．

［93］王芳．中小学校长胜任力模型及其与绩效的关系研究［D］．南京师范大学博士论文，2008．

［94］王林雪，郑莉莉，杜跃平．研究型大学教师胜任力模型构建［J］．现代教育科学，2012（1）．

［95］王继承．谁能胜任：胜任力模型及使用［M］．北京：中国财政经济出版社，2004．

［96］王强．教师胜任力发展模式论［M］．上海：华东师范大学出版社，2011．

［97］王铁军．科学定位：校长走向职业化的关键［J］．扬州大学学报（高教研究版），2002（9）．

［98］吴小玲．行为面试和情景面试的比较［J］．考试周刊，2011（13）．

［99］吴恒山．学校领导者成功之道［M］．天津：天津教育出版社，2004．

［100］吴维库等．基于价值观的领导［M］．转引自简伟雄．领导影响力问题研究［J］．领导科学，2011（2）．

［101］吴继霞，黄希庭．诚信结构初探［J］．心理学报，2012（3）．

［102］魏志春，高耀明．中小学校长专业标准研究［M］．北京：北京大学出版社，2010．

［103］徐碧美．追求卓越：教师专业发展案例研究［M］．陈静，李忠如，译．北京：人民教育出版社，2003．

［104］徐国庆．职业教育原理［M］．上海：上海教育出版社，2007．

［105］徐建平．教师胜任力模型与测评研究［D］．北京师范大学博士论文，2004．

［106］徐建平，张厚粲．质性研究中编码者信度的多种方法考察［J］．心理科学，2005，28（6）．

［107］肖卫兵．中国近代国立大学校长角色分析［M］．福州：福建教育出版社，2013．

［108］夏晴，姜大源．德国双元制职业教育［J］．中小学管理，1994（3）．

[109] 夏征农，陈至立. 辞海（缩印本）[M]. 上海：上海辞书出版社，2010.

[110] 谢长发. 中国职业教育史 [M]. 太原：山西教育出版社，2011.

[111] [美] 亚伯拉罕·弗莱克斯纳. 现代大学论——美英德大学研究 [M]. 徐辉，陈晓菲，译. 杭州：浙江教育出版社，2001.

[112] [美] 约翰·S·布鲁贝克. 高等教育哲学（第3版）[M]. 王承绪，等，译. 杭州：浙江教育出版社，2002.

[113] 杨海燕. 盘点校长专业化——我国校长专业化理论及实践的进展 [J]. 中小学管理，2006（9）.

[114] 杨雪. 员工胜任素质模型全案（第2版）[M]. 北京：人民邮电出版社，2012.

[115] 杨念. 高等职业技术教育特色论 [M]. 长沙：湖南师范大学出版社，2005.

[116] 杨德广. 高等教育管理学 [M]. 上海：上海教育出版社，2006.

[117] 栾曦. 德国"双元制"高等职业教育的历史及启示 [J]. 东北电力大学学报，2010（3）.

[118] 尹晓敏. 大学高层管理者双核胜任力模型研究 [J]. 现代教育管理，2009（10）.

[119] [日] 源赖朝. 影响力 [M]. [美] 贝·丹吉尼斯编，陈靓，译. 北京：新世界出版社，2013.

[120] 中国科学院"科技领导力研究"课题组. 领导影响力研究 [J]. 领导科学，2006（12）.

[121] 中共中央. 党政领导干部选拔任用工作条例 [N] 人民日报，2014-1-16（16）.

[122] 仲理峰，仲理峰，时勘. 家族企业高层管理者胜任特征模型 [J]. 心理学报，2004，36（1）.

[123] 张红霞. 教育科学研究方法 [M]. 北京：教育科学出版社，2009.

[124] 张爽. 学校变革中的校长领导力 [M]. 北京：教育科学出版社，2010.

[125] 张晓莉. 美国社区学院职业教育的历史演变 [J]. 职业技术教育，2007（10）.

[126] 张笑夷. 文化视野下的大学与现代大学文化观 [J]. 黑龙江高教研究，2007（2）.

[127] 张楚廷. 高等教育学导论 [M]. 北京：人民教育出版社，2010.

[128] 张天雪. 校长权力论：政府、公民社会和学校层面的研究 [M]. 北京：教育科学出版社，2008.

[129] 张新平. 教育管理学导论 [M]. 上海：上海教育出版社，2006.

[130] 张海经. 现代学校管理制度的探索与实践 [M]. 广州：广东教育出版社，2004.

[131] 朱艳. 高职院校发展中存在的问题及其对策 [J]. 辽宁广播电视大学学报，2008.

[132] 朱新梅. 知识与权力：高等教育政治学新论 [M]. 北京：教育科学出版社，2007.

[133] 朱永新. 中国教育建议 [M]. 北京：中国人民大学出版社，2012.

[134] 周英群，胥青山. 大学校长遴选程序的比较研究 [J]. 江苏高教，2003（1）.

[135] 赵艳然. 做创新型校长 [M]. 武汉：华中师范大学出版社，2013.

二、外文文献

［1］ Anntoinette D. Lucia, Richard Lepsinger. The Art and Science of Competency Models. San Francisco: Jossey – Bassy, 1999.

［2］ Boyatzis R. The Competent Manager: A Model for Effective Performance. New York: John Wiley & Sons, 1982.

［3］ Boyatzis R. E. Competencies in the 21st century. Journal of Management Development, 2008, 27 (1).

［4］ Brownell J. Meeting the Competency Needs of Global Leaders: A Partnership Approach. Human Resource Management, 2006, 45 (3).

［5］ David C. McClelland. Testing for competence rather than for 'intelligence'. American Psychologist, 1973 (1).

［6］ Davison F. D. Management Competencies. Research Startens Business, 2008.

［7］ Dee Halley. The Core Competency Model Project. Corrections Today. 2001: 63.

［8］ Duke D. L. Concepts of administrative effectiveness and evaluation of school administrator. Paper presented at the Annual Meeting of the American Education Research Dissertation, 1992.

［9］ Fleishman E. A., Wetrogan L. I., Uhlman C. E., Marshall Miles J. C., Development of prototype occupational information network content model. Utah: Utah Department of Employment Security, 1995 (1).

［10］ Elliot A. J., Dweck C. S. Handbook of Competence and Motivation. New York: Guilford Press, 2005.

［11］ Green P. C. Building robust competencies: Linking human resource systems to organizational strategies. San Francisco, Jossey Bass, 1999.

［12］ Hay McBer's Models of Excellence for School Leaders, http: //www. ncsl. org. uk/. 转引自徐建平. 教师胜任力模型与测评研究［D］. 北京师范大学博士论文, 2004: 15.

［13］ Jeffery S. Shipman. The Practice of Competency Modeling. Personal Psychology, 2000: 53.

［14］ Jon P. Briscoe, Douglas T. Hall. Grooming and Picking Leaders Using Competency Frameworks: Do They Work? An Alternative Approach and New Guidelines for Practice. Human Resource Management Review, 2013 (1).

［15］ Klein, Andrew L. Validity and Reliability for Competency – based System: Reducing Litigation Risks. Compensation and Benefits Review, 1993, 28 (4).

［16］ Lyle M S, Singne M S, Competence at work, New york, John wiley & Sons, Inc., 1993. 转引自刘红艳. 基于胜任力模型的企业招聘流程构建研究［D］. 华东师范大学硕士论文, 2009.

［17］ Mansfield R. S. Building Competency Models: Approaches for HR Professionals. Human Resource Manage, 1996, 35 (1).

[18] Mark Brundertt. The Question of Competence: the Origins, Strengths and Inadequacies of a Leadership Training Paradigm. School Leadership & Management, 2000, 20 (3).

[19] Matthewman Jim. Trends and Developments in the use of Competency Frameworks, Competency: the journal of performance through people, 1996 (1).

[20] Mark Gould, Rick Freeman. The Art of Project Management—A Competency Model For Project Managers [EB/OL]. http://doc. mbalib. com/view/1e3bbd7c44967449caac3746d3765 362. html, 2013 – 11 – 28.

[21] McLagan, P. A. Great Ideas Revisited [J]. Training & Development Journal, 1996, 50 (1): 60 – 65 英文, 转引自陈斌, 刘轩. 高等职业院校教师胜任力模型的构建 [J]. 高教发展与评估, 2011 (11).

[22] Markus L. H. , Thomas H. D. C. , Allpress K. N. Confounded by Competencies? An Evaluation of the Evolution and Use of Competency Models. New Zealand Journal of Psychology, 2005, 34 (2).

[23] Michael Armstrong, Angela Baron. Performance Management, London: The Cromwell Press, 1998.

[24] Mirabile R. J. Everyting you wanted to know about competency modeling. Training and Development, 1997.

[25] Parry S. B. Just what is a competency and Why should you care? . Training. 1998 (6).

[26] Prahalad C. K. , Gary Hamel. The Core Competencies of the Corporation. Harvard Business Review, 1990 (5).

[27] Rankin N. The DNA of performance: the twelfth competency benchmarking survey. Competency & Emotional Intelligence, 2005, 13 (1).

[28] Richard S . Williams. Performance Management, London: International Thomson Business Press, 1998.

[29] Serpell A. , Ferrada X. . A Competency – based Model for construction supervisors in developing countries . Personnel Review, 2007, 36 (4).

[30] Spencer Jr. L. M. , Spencer S. M. Competence at work: Models for superior performance. New York: John Wiley & Sons, 1993.

[31] Sternberg R. J. A model of educational leadership: Wisdom, intelligence and creativity, synthesized. International Journal of Leadership in Education, 2005, 8 (4).

[32] Tom Defloor. The clinical nursing competences and their complexity in belgian general hospitals . Journal of Advanced Nursing, 2006, 56 (6).

[33] Van Scotter J. R. , Motowidlo S. J. Interpersonal Facilitation and Job Dedication as Separate Facets of Contextual Performance. Journal of Applied Psychology, 1996, 81 (5).

[34] William J. Rothwell, Beyond Training and Development. New York: AMACOM, 1996.

[35] William S. Frank. These 10 core competencies comprise good leadership [EB/OL]. http://www.bizjournals.com/denver/stories/2005/08/29/smallb3.html? page = all, 2014 - 2 - 19.

[36] Zemke R. Job competencies: Can they help you design better training? Training, 1982 (19).

[37] [日] 有田和正. 教師の実力とは何か [M]. 東京: 明治図書出版株式会社, 1998 (第三版).

[38] [日] 池谷壽夫, 後藤道夫, 竹内章郎, 中西新太郎, 吉崎祥司, 吉田千秋. 競争の教育から共同の教育へ [M]. 東京: 株式会社青木書店, 1988.

[39] [日] 大田尭. 教育とは何か [M]. 東京: 株式会社岩波書店, 1994.

[40] [日] 甲斐進一. 社会的自己実現の教育 [M]. 東京: 東海大学出版社, 1998.

[41] [日] 田原迫龍磨, 仙波克也, 有吉英樹. 教育行政の課題と展開 [M]. 東京: 株式会社コレール社, 1995.

[42] [日] 寺内定夫. 現代社会と工作教育 [J]. 技術教育研究, 1986 (8).

[43] [日] 鈴木勲. 教育法規の理論と実際 [M]. 東京: (株) 教育開発研究所, 昭和51年.

[44] [日] 前野勝則. 新教育産業 [M]. 東京: (株) 二期出版, 1998.

[45] [日] 森下一期. 技能教授の再検討 [J]. 技術教育研究, 1990 (2).

[46] [日] 中内敏夫. 技術教育の現状と課題 [J]. 技術教育研究, 1990 (8).

[47] [日] 文部科学省. 公立学校における校長等の登用状況等について [EB/OL]. http://www.mext.go.jp/b_menu/houdou/22/10/attach/1298528.htm, 2014 - 5 - 5.

[48] [日] 文部科学省. 学長の選考方法 [EB/OL]. www.mext.go.jp/b_menu/shingi/chukyo/chukyo4/1340990_4.pdf, 2014 - 5 - 5.

校长访谈协议书

尊敬的校长，首先非常感谢您今天花费宝贵的时间接受我的访谈。

本次访谈是有关高职院校校长胜任力研究项目工作的一个重要组成部分。在访谈过程中您需要回答访谈者提出的一些问题，这些问题主要包括以下内容：

1. 您的个人基本信息。包括姓名、性别、出生年月、专业背景、学历、职称、获得奖励情况等。

2. 您在校长工作岗位上感到最为典型的事件。包括最成功（最出色）的和最失败（最遗憾）的。

3. 您对职业院校校长工作的认识等。

您的回答将被录音并记录。如果访谈中涉及部分您不想明确说出的人名、地名或机构名称等，您可以用代称，我们将充分尊重您的选择。

为了使研究更具客观性，得出的结论更具科学性，我们请求您准确客观地回答问题。我们向您郑重承诺，您的所有回答将仅仅用于研究工作，在研究的过程及后期的成果发表中，我们将充分保护您的权益，不会透露您的任何个人信息。

本协议一式两份，双方签字后生效。

受访者签名：_____ 访谈者签名：_____

时间：_____年___月___日 时间：_____年___月___日

编码词典示例

胜任力要素名称		影响力
定义		说服或影响他人接受某一观点并改变其行为的能力
等级及对应行为描述	1级	能陈述相关事实，可以运用直接证据支持个人观点从而说服对方作出承诺或保证
	2级	能预期他人的反应并根据需要运用适当的策略应对并说服他人
	3级	运用间接影响和复杂的技巧去引导群体采取具体行动

编码示例

问：＊校长，首先非常感谢您在百忙中接受我的访谈。根据研究的需要，首先想请您谈谈在校长岗位上自感最为成功的三件事。

答：第一件事是我校精品课程建设……

首先是人才观。我反复给他们强调的就是随着高等教育大众化的实现，特别我们现在是后大众化阶段，马上就要普及化了，越来越多的文化分高的到本科去了，文化分低的到我们这边了，这是社会进步的表现【系统思维1级；专业知识3级；现状认知（补充条目）】。我们的目标是培养不是淘汰【战略思考2级；服务意识1级】。我们千万不能是招生的时候校长是多多益善，你成绩再差，只要你报了我们，我们招满了就阿弥陀佛。招来了，谁都责怪。老师责怪生源素质太差，不好教【分析判断2级】。我们反复强调，我们的目标是培养人而不是淘汰人【战略思考2级；以人为本1级】。这样的一个人才观。所以＊＊＊会长讲的我不赞成【批判性思维3级】。他（2013年）4月15号在《中国青年报》上讲什么市长、市委书记的小孩都不读高职学校，县长、县委书记小孩都不读中职。就我来讲，我所认识的校长、书记，包括副校长、副书记，百十来个人呢，没有一个在读高职或中职的【信息处理2级】。是我们口是心非？是我们不重视？不是的【内省1级】。像我吧，大学毕业之后就在这个学校，三十几年了，要一直干到退休了都在这，你说我不重视吗？不是的【敬业精神2级】。我们国情就这样，这个小孩能读985的肯定不会让他读211，能够读一本的不会到二本，能够到二本的不会到高职院校。大家都是这个心态【分析判断2级】。我和陈宇聊过，他也是大牌专家，你小孩读吗？不读。姜大源，你小孩读吗？不读【公关力2级】。是你不够重视吗？不是。是什么呢？社会有个分工【人文社科知识1级】。我们其实看国外，德国人也是这样，它其实分流也很早了【现状认知（补充条目）】。他的中学你看，也分什么实科中学、完全中学，他要分几个，就是你初中考了以后分流，好的进入重点高中，然后将来进入重点大学；一般的也是在职业院校。到新加坡看，新加坡小学以后就分了，也是分流的。我们看我们台湾地区、香港地区也是这样分的【全局观念3级；信息处理2级；现状认知（补充条目）】。并不是我们对这个不重视。我觉得这个可能还是一个社会分工的不同。但是我们也期望有一个好的生源。但是我们不能够期望有朝一日我们整个生源变好了，我们学生的素质整体好了再来提高学生素质，不可能的【战略思考2级】。我们面临的就是这样的一个情况，我们要努力的就是怎样把他们培养成一个高素质的人才【目标管理2级；育人情怀3级】。

附 录 四

高职院校校长胜任力调查问卷

尊敬的校长：

您好！这是一份研究高职院校校长胜任力的调查问卷。本问卷填写时无需填写姓名，答案也无对错之分，请不要有任何顾虑。您的回答对于我们的研究非常重要，请务必如实填写。

本问卷共有两部分组成。第一部分是您个人的基本信息，请在相应的题号上打"√"。第二部分是您在校长岗位上可能的行为描述，请在该题后面的相应数字上打"√"。

感谢您的合作与支持！

一、基本信息（请根据自己的实际情况，在相应的序号上打"√"）

1. 性别

（1）男　　（2）女

2. 年龄

（1）39岁（含）以下　　（2）40岁（含）－49岁

（3）50岁（含）－54岁　（4）55岁（含）－59岁

（5）60岁（含）以上

3. 担任现职年限（不含担任副职时的年限）

（1）1年以下　（2）1年（含）－3年　（3）3年（含）－5年

（4）5年（含）－10年　（5）10年（含）以上

4. 自己就职的学校所在地

（1）浙江　　（2）江苏苏南地区　　（3）江苏苏中地区

（4）江苏苏北地区

5. 自己就职的学校类型

（1）三年制　　（2）五年一贯制

6. 自己的学历情况

（1）中专（含高中）及以下　　（2）大学专科　　（3）大学本科

（4）硕士研究生　　（5）博士研究生

7. 自己在校学习期间就读的专业学科（含工作后在职攻读的专业学科）

（1）人文学科　　（2）社会学科　　（3）自然学科

（4）综合（即学习过人文、社会和自然学科中的两项及以上）

8. 自己获得过的最高荣誉级别（不含教学、科研成果奖）

（1）国家级　　（2）省部级　　（3）市厅级　　（4）校级

（5）从未获得过

二、个人行为自评

请根据自己的真实情况在下列题项右侧的相应数字上面划"√"，其中的数字含义是：

1　表示"完全不符合"　　2　表示"基本不符合"　　　3　表示"不确定"

4　表示"基本符合"　　　5　表示"完全符合"

1. 相信自己有能力做好校长工作　　　　　　　　　　　　1　2　3　4　5

2. 自己通常能接受不同见解与不同意见，包括反对的声音　1　2　3　4　5

3. 自己意识到作为校长，工作干得好不好事关整个学校的发展前途

　　　　　　　　　　　　　　　　　　　　　　　　　　1　2　3　4　5

4. 自己非常清楚学校今后较长一段时期要走什么路、朝哪个方向走

　　　　　　　　　　　　　　　　　　　　　　　　　　1　2　3　4　5

5. 发现大家总是乐意和自己一块儿干事　　　　　　　　　1　2　3　4　5

6. 发觉自己说的话，他人大多比较认同　　　　　　　　　1　2　3　4　5

7. 自己觉得下属在工作中偶尔犯错也是人之常情　　　　　1　2　3　4　5

8. 自己总是不满足现状，不断设定新的目标并努力实现　　1　2　3　4　5

9. 自己做决策的时候能够考虑该决策的前因和后果　　　　1　2　3　4　5

10. 对于发生的问题或存在的现象有自己的想法和见解　　　1　2　3　4　5

11. 对自己和自己的工作团队有清晰的认识，并根据实际能力制定目标

　　　　　　　　　　　　　　　　　　　　　　　　　　1　2　3　4　5

12. 自己做决策的时候总能够考虑周全　　　　　　　　　　1　2　3　4　5

13. 工作生活中不仅有自己的想法，并且能够将其付诸实践

                               1 2 3 4 5

14. 能够与他人建立良好的关系并保持   1 2 3 4 5

15. 自己认为人才是学校的核心竞争力   1 2 3 4 5

16. 热爱自己的职业，并为此不断学习   1 2 3 4 5

17. 不安于目前取得的成绩，有更高的目标并希望做得更好

                               1 2 3 4 5

18. 遇到困难的事情能够率先采取行动并为他人做出榜样 1 2 3 4 5

19. 熟悉自己所学专业的基本理论和知识，并保持对该专业发展趋势的了解

                               1 2 3 4 5

20. 工作时能够从组织整体和长远的视角进行思考和决策 1 2 3 4 5

21. 能够理性地看待事物，分辨其合理与不合理的方面   1 2 3 4 5

22. 工作中不受常规和经验的约束，有改进工作方式方法的意识

                               1 2 3 4 5

23. 对校长工作充满热情并自愿倾注大量心血   1 2 3 4 5

24. 事情因为自己的不当指导而没有达到预期效果的时候，会感到内疚

                               1 2 3 4 5

25. 自己在任上制定了学校 3~5 年（或更长）的发展规划 1 2 3 4 5

26. 自己能够判断在当前形势下，哪些政策有利于学校的发展

                               1 2 3 4 5

27. 自己遇到困难时从不轻言放弃，知难而上   1 2 3 4 5

28. 向他人谈起自己的学校时，内心往往有一种自豪感 1 2 3 4 5

29. 自己心态总是比较阳光   1 2 3 4 5

30. 学校有重大活动时，自己动员其他人，总能得到积极响应

                               1 2 3 4 5

31. 自己的言行总是能够影响别人，进而说服别人支持自己

                               1 2 3 4 5

32. 自己比较了解学校大部分教师的情况   1 2 3 4 5

33. 自己认为学校工作要以是否适应学生发展为准则   1 2 3 4 5

34. 看到学校的发展，自己感到有成就感   1 2 3 4 5

35. 对于工作的进展，总是能够知道该环节在整个过程中的哪个阶段

                               1 2 3 4 5

36. 能够区分学校发展过程中不同事情之间存在的联系　　1　2　3　4　5

37. 在处理出现的问题时，能够透过现象抓住其本质　　1　2　3　4　5

38. 对于目标任务总是能够根据实际情况进行合理的规划和分配

　　　　　　　　　　　　　　　　　　　　　　　1　2　3　4　5

39. 截至目前，自己所做的决策总体来说比较正确　　1　2　3　4　5

40. 面对紧急问题和突发状况能够当机立断　　　　　1　2　3　4　5

41. 对于决定的事情不拖拉，力求快速执行　　　　　1　2　3　4　5

42. 敢于挑战有难度的任务，具有冒险精神　　　　　1　2　3　4　5

43. 面对各种复杂的社交关系能够应付自如　　　　　1　2　3　4　5

44. 工作中能够通过自己的社交能力让想做的事情变得更顺利

　　　　　　　　　　　　　　　　　　　　　　　1　2　3　4　5

45. 工作中能够为教师和学生提供更多的发展机会　　1　2　3　4　5

46. 在教育工作中关注个体差异，因材施教　　　　　1　2　3　4　5

47. 为达成组织的目标不惜牺牲自己的个人利益　　　1　2　3　4　5

48. 工作中能够不断培养自己的能力和素养，积极创造机会改善现状

　　　　　　　　　　　　　　　　　　　　　　　1　2　3　4　5

49. 能够妥善处理所学专业方面的实际问题并具备一定的专业学术能力

　　　　　　　　　　　　　　　　　　　　　　　1　2　3　4　5

50. 做决策时能考虑到其对校内各个部门及校外的影响　　1　2　3　4　5

51. 即使对于公认的事物也不盲从，有自己的见解　　1　2　3　4　5

52. 自己经常能以创新的方式解决发生的问题　　　　1　2　3　4　5

　　友情提醒：请确认一下所有题项是否全部填写了，核查无误后请将本问卷放入回信信封并请及时投递（封口后投递即可，无需写地址、贴邮票，请于2014 年 5 月 5 日前完成投递），再次感谢您的大力支持！

后　记

　　有学者曾言，后记是"个人著作过程的思想轨迹，也是值得回味再三的心灵杂碎"，在即将完成本书之际想起这句话，笔者深以为然。

　　之所以将目光转向职业院校校长，主要是工作的缘故。由于我供职于高校科研部门，在平时的工作中不时需要去职业院校调研，因而也就有不少机会和不同职业院校的校长打交道。随着与这些校长接触机会的增多，我对这个群体的了解也与日俱增，时常感念于他们的"多姿多彩"：有的校长善于言说，有的校长很有思想，有的校长富有激情……总之，在我的眼中，这个群体是很有特色的一个群体，也是比较独特的一个群体，其中的每一位校长似乎都是一支生动的画笔，并由此绘就出不同的学校，正如美国学者克拉克·克尔和玛丽安·盖德所述，"几乎所有的校长都将以某种明显的甚至是主要的方式影响学校"，结果，"由于这些校长，有些学校会幸存下来，有些学校会因此失败，有些学校会有微小改进，有些学校会缓慢地走下坡路"，所以，在中国当下进一步深化教育改革、提高高等教育质量、大力发展职业教育、努力构建现代职教体系的背景下，除了从宏观的国家制度层面、中观的区域政策层面以及微观的学校实践层面进行探讨的同时，窃以为从学校管理者的视角进行研究也是一个选择，而研究职业院校的校长则是其中的关键。

　　当然，这样的思考早已不鲜见，这一点从汗牛充栋的相关出版物中就可见一斑，从研究校长群体的《大学校长的多重生活——时间、地点与性格》到研究校长个体的《校长办公室的那个人——一项民族志研究》，不一而足。在这样的情况下，如何找到一个新的切入点就显得比较重要。起初，我想从校长专业化的视角出发去研究，并拟定了一份雄心勃勃的研究计划，其中包括职业院校校长专业化概念内涵研究、我国职业院校校长专业化发展现状研究、职业院校校长专业化发展个案研究等，也包括运用胜任力理论诠释和衡量校长专业化程度和水平的思考，试图以此解决目前实际存在的难以定量测量专业化发展尺度的问题。当我把这份研究计划放在我就读的南京大学教育研究院的龚放教授、冒荣教授、张红霞教授、王运来教授、余秀兰教授、吕林海博士和宗晓华博士等老师的面前，他们以自己丰富的经验、非凡的卓见和渊博的学识，当即指出我原初计划的欠妥之处，建议我"多为少善、不如执一"，与其面面俱到、全面出击，不如就将注意力集中到借鉴胜任力理论来研究职业院校校长这一新的切入点上来，于是就有了论文的主题以及后来的研究及至现在即将付梓的本书。值得高兴的是，这一选题也得到了专家们的认可：2012 年 12 月 15 日，我申报的课题"基于行为事件访谈法的职业院校校长胜任力模型研究"获批为全国教育科学规划教育部重点课题（课题立项编号为 DJA120286），本书也是课题研究的主要成果。在此过程中，我得到了许许多多的支持和帮助，需要感谢的人实在是太多太多。

首先要感谢我的指导老师龚放教授。四年前恩师不弃我不惑顽冥容我入门，整个的求学过程更是倾注了导师大量的心血和汗水，课上传道授业自不待言，课下释疑解惑更不需说。即使自己教务学务非常繁忙，仍不时关心学子的学业和生活。每当我们取得点滴成绩，导师总能在第一时间给予鼓励、首肯。面对我们的不足和缺陷，导师又总是以包容的心态指导点拨，使我们在不知不觉中改正不足并得到进步，所谓"随风潜入夜、润物细无声"的境界莫过如此吧。在论文写作的指导上，导师更是殚精竭虑，从论文的选题、提纲的推敲、访谈的联系到论文的修改，每一个环节无不精益求精、追求卓越，导师用"言传"和"身教"诠释着为师的真谛与大家的风范，让我受益匪浅。同时还要感谢师母杨老师，每当导师召集弟子们聚会交流时，只要师母在场，她总是以她多年执教的丰富经验以恰当的方式鼓励我们、关心我们，让我们这些学子在外求学之时也能时时体会到家的温馨。

其次要感谢我就读的南京大学教育研究院的老师们，除了上文提到的诸位老师之外，还有汪霞教授、桑新民教授、曲铭峰博士、孙志凤博士、孙俊华博士、刘永贵博士、徐芃博士、王婧老师和唐民老师等，他们或引我等学子徜徉知识海洋，或热心帮助解决学生们遇到的各种困难，用自己特有的方式践行着"诚朴雄伟，励学敦行"。在此，我由衷地想说：牵手南大实在是我平生的一大幸事。

感谢我目前就职的江苏理工学院的领导和老师们，校长曹雨平教授、副书记兼纪委书记汤建石先生、副校长董存田教授、副校长施步洲博士、党委组织部部长基国林先生、高职师培中心主任朱新生研究员、高等职业教育发展研究所所长王明伦研究员、人文社科处处长马建富教授、教务处副处长蒋波博士、孙奎洲先生、职教研究院常务副院长庄西真研究员、副院长谭明编审、外国语学院顾丹柯先生等理解并鼓励我，不时关心我的研究进展，尽力解决我研究中遇到的困难，没有他们的支持，本书或许还要延宕数月几载。

我还要借此机会感谢校外的领导、专家和课题组的朋友们，他们是华东师范大学职业教育与成人教育研究所所长、博士生导师石伟平教授、全国教育科学规划办公室王小明老师、人大复印报刊资料《职业技术教育》主编谭旭女士、《教育发展研究》杂志副主编翁伟斌博士、《江苏教育》杂志职业教育版编辑部主任叶萍女士、南京师范大学教育科学学院院长、博士生导师顾建军教授、江苏省高校招生就业指导与服务中心副主任陈艳博士、江苏教育评估院职业教育室主任陈兆兰女士、徐夏先生、江苏联合职业技术学院办公室主任刘金平先生、常州市教育局副调研员张健先生、扬州市邗江区教育局副局长陈扣礼先生、苏州旅游与财经高等职业学校臧其林校长、苏州工业园区工业技术学校王乃国校长、邗江中等专业学校刘宏成校长、宿迁市宿城中等专业学校校长周立法先生、江苏省如东县第一职业高级中学校长余飞先生、张家港中等专业学校朱劲松副校长、姚丽霞主任、苏州大学教育学院博士生导师赵蒙成教授、南通大学教育科学学院党总支书记邓宏宝教授、苏州工业园区职业技术学院高教所副所长王寿斌教授、无锡旅游商贸高等职业学校吴吟颢副校长、扬州商务高等职业学校党委副书记梅纪萍女士、江苏理工学院教育学院张长英博士、王怀芳讲师、职教研究院臧志军博士、《职教通讯》杂志副主编秦涛先生、澳门城市大学博士生杨海华先生等，他们或无偿义务担任本研究的专家接受我的多次咨询，或为我开展调查提供支持与帮助，或与我一同研讨并解决研究中遇到的问题，没有他们的帮助，本研究肯定也不会这么顺利。

蒋超、赵怡婷、曾永青、杨爱娟、曾恺、郭黎明、卜未等目前在校就读的硕士生和本科生们，感谢他们在本研究的访谈录音文本转录、访谈文本编码和数据处理、调查问卷制作和邮递等环节给予的协助，从他们身上让我感知"90后"一代的勃勃生机。

感谢被我打搅的所有问卷调查的被试校长，虽然我不知道他们的名字，很多人甚至根本都不认识，但是他们依然伸出了援手，他们的及时作答是我研究最为宝贵的支撑，我要由衷地感谢他们。

做一个胜任的校长——高职院校校长胜任力研究

　　特别感谢接受我访谈的 16 位高职院校校长，我很想一一列出他们的名讳以示谢意，因访谈协议的约定，此处只好作罢，但在我心中已经镌刻上他们的大名以及多彩的音容。

　　还要特别感谢丛书主编、江苏理工学院副校长崔景贵教授，作为我敬重的"顶头上司"，平素不仅在工作和生活上悉心指导关心，还常常身先士卒事必躬亲，用自己的言行无声地诠释并示范厚德、勤勉与卓越，使我等不知不觉获得启迪并追求业精，而且在尚未识得我的研究成果"庐山真面目"之时，就热情相邀加盟由您主编的"现代职业教育研究"系列丛书，但愿我的这一本拙作不会使系列丛书过多地蒙受"污名"。

　　感谢知识产权出版社责任编辑冯彤女士，在本书出版过程中，使我深深感受到作为国家一级出版社专业人士的风范，没有冯女士的鼓励和认可，本书也不可能这么快面世。

　　最后要感谢的是我的家人，他们以自己独有的方式始终支持我。都说"女儿是爸爸的贴心小棉袄"，随着女儿的不断成长，我对此体会也愈发深刻。家人鼓励与期许的目光是我努力前行的不竭动力。

　　记得一年多前的某个夜晚，我做了一个梦：我一个人在湖边的堤岸散步，看到不远处的湖中有一条硕大且美丽的红色鲤鱼在慢悠悠地游动，那情形感觉只要从堤岸下去站在岸边的一块岩石上就一定能"手到擒拿"，于是我没有"退而结网"，而是毫不犹豫地循着自己的直觉站到了那块接近目标的岩石上。结果没想到，岩石竟是一个陷阱，一站上去就连同我一路下沉……这让我又一次明晰了"天上不会掉馅饼"的朴素哲理，永远都不要奢望有"不劳而获"的幸事。彼时的我左挣右扎想尽快脱离困境，但腿上就是使不上劲，那时候哪里还能捕捉到美丽诱人的鲤鱼，连脱离险境都是困难的了，心里多么期盼此时谁能从岸上伸手拉我一把……如今想来，我不仅成功上岸，而且似乎还捕捉到了原初梦想中的"鲤鱼"，之所以有如此美好的结局，我想除了自己的付出之外，还因为"利见"上文提到和许多没有提及的"大人"之故。

　　"路漫漫其修远兮"，我深知，本书出版实在不是结束，学术研究也永远是在路上，我将继续砥砺求索。

李德方

2014 年 10 月于龙城寓所